上海与深圳

中国改革开放的城市叙事

王世军 著

同济大学出版社·上海
TONGJI UNIVERSITY PRESS·SHANGHAI

图书在版编目（CIP）数据

上海与深圳：中国改革开放的城市叙事／王世军著
.—— 上海：同济大学出版社，2024.8
ISBN 978-7-5765-0664-8

Ⅰ.①上… Ⅱ.①王… Ⅲ.①改革开放－概况－上海
②改革开放－概况－深圳 Ⅳ.① D619.51 ② D619.653

中国国家版本馆 CIP 数据核字（2023）第 247457 号

上海与深圳

中国改革开放的城市叙事

王世军 著

| 责任编辑 | 张　翠 | 责任校对 | 徐春莲 | 装帧设计 | 张　微　每日一文 |

出版发行　同济大学出版社　www.tongjipress.com.cn
　　　　　地址：上海市四平路1239号　邮编：200092　电话：021-65985622
经　　销　全国新华书店
印　　刷　常熟市华顺印刷有限公司
开　　本　710mm×960mm　1/16
印　　张　10.5
字　　数　146 000
版　　次　2024年8月第1版
印　　次　2024年8月第1次印刷
书　　号　ISBN 978-7-5765-0664-8
定　　价　58.00元

引言

上海南宋置镇，元朝设县，至19世纪上半叶，已是百货汇集、以埠际贸易为主的国内贸易大港，一座被称为"江海之通津，东南之都会"的江南县城。1843年开埠后，上海发展迅速，至20世纪二三十年代，成为与纽约、巴黎、伦敦、东京齐名的国际大都市，被称为"西方的纽约""东方的巴黎"。

中华人民共和国成立后，上海从一个以商业为主的城市转变为综合性的工业基地与科技基地，担负起在国家的计划下积极支持全国经济建设的重任，通过财政税收、支持内地重大工程建设、为内地输送和培养人才、提供工业设备、提供优质轻纺产品等，为国家经济建设作出了巨大贡献。

改革开放以来，上海由工业城市向多功能经济中心城市转变，特别是浦东开发开放后，上海从后卫到前锋，经济发展连续16年保持两位数增长，城市建设日新月异，各项改革事业持续推进，人民生活水平有了很大提升，奠定了一个社会主义国际大都市的基本格局。

进入21世纪，上海有了更高的城市定位。2001年5月，国务院正式批复并原则上同意《上海市城市总体规划》，明确指出上海市是中国直辖市之一，全国重要的经济中心。上海市的城市建设与发展要遵循经济、社会、人口、资源和环境相协调的可持续发展战略，以技术创新为动力，全面推进产业结构优化、升级，重点发展以金融保险业为代表的服务业和以信息产业为代表的高新技术产业，不断增强城市功能，把上海市建设成为经济繁荣、社会文明、环境优美的国际大都市，国际经济、金融、贸易、航运中心，由此确立了"四个中心"和现代化国际大都市的定位。2011年《上海市国民经济和社会发展第十二个五年规划纲要》，对"四个中心"功能建设提出了更高的目标，即"与我国经济实力和国际地位相适应，具有全球资源配置能力的国际经济、金融、贸易、航运中心"。

在"四个中心"和现代化国际大都市基本建成的基础上，2018年正式发布的《上海市城市总体规划（2017—2035年）》，明确提出上海将建设成为卓越的全球城市，令人向往的创新之城、人文之城、生态之城，具有世界影响力的社会主义现代化国际大都市。

改革开放之初，深圳市还叫作宝安县，是个典型的农业县，全县国民生产总值1.96亿元，人均GDP约606元，规模以上工业总产值仅0.61亿元。这个"省尾国角"的小县城人口仅有3万，辖区仅有猪仔街、鱼仔街两条小巷和一条200米长的小街。由于与一河之隔的香港经济上的巨大反差，外逃现象屡禁不止，成为困扰广东和地方的一个主要问题，也引起了中央的关注。

1978年，中国实行改革开放，需要一块试验田和一个突破口，于是有了深圳建市与经济特区的成立。深圳人解放思想，敢闯敢试，从计划经济中突围，在对外开放中建立起比较完善的社会主义市场经济，从而为深圳经济与科技的发展奠定了坚实的基础。

40年沧桑巨变，深圳已从3万人的边陲小城，发展成为2000万人的超级都市，一座充满魅力、动力、活力的国际化创新型城市。用著名经济学家张军的话说，这里集聚了大量中国最具全球竞争力的科技公司、网络公司、通信公司，也有中国金融业、房地产业和制造业中无数的领袖型公司。昔日的边陲小镇作为我国重要的经济、贸易、金融中心和创新发展的代表，以完善的市场机制、先进的产业结构，引领着中国经济的发展。

相对于历史的长河，40年不过是短暂一瞬，但就在这历史的瞬间，上海与深圳发生了历史性巨变。作为中国改革开放的重要组成部分，这两座城市参与、见证了这一波澜壮阔的伟大进程，为中国的改革开放作出了自己的贡献。同时，它们在改革开放中成长壮大，成为国家实现历史性变革和取得伟大成就的精彩缩影和生动反映，并向世界展示了中国的勃勃生机和光明前景。因此，其对改革开放核心价值的诠释也最为形象和真实，具有经典意义[1]。

---

1 金心异. 深圳转型：城市治理模式的革命[M]. 深圳：海天出版社，2010：117.

目录 | Contents

引　言

上篇　上海

第1章　工业上海 ··· 2
　　从消费型城市到生产性城市 ······························· 2
　　工业城市的国家价值 ·· 7
　　20世纪80年代的上海 ······································ 10
　　经济体制改革与对外开放 ·································· 16

第2章　浦东开发开放 ······································ 20
　　浦东开发开放决策过程 ····································· 20
　　新区而非特区 ··· 22
　　浦东开发开放与上海的历史性巨变 ····················· 24
　　浦东的龙头作用 ·· 37

第3章　跨世纪战略：四个中心与现代化国际大都市 ·············· 42
　　战略大讨论与城市定位的升级 ···························· 42
　　中国加入世界贸易组织 ····································· 45
　　世博会与上海 ··· 50
　　城乡（郊）一体化 ·· 53

第4章　转型发展　创新驱动 ··························· 59
　　金融危机的冲击 ·· 59
　　自贸区、科创中心和进博会 ······························· 61
　　长三角一体化 ··· 65
　　经济与社会协调发展 ·· 67
　　建设卓越的全球城市 ·· 71

v

下篇　深圳

第 5 章　从边陲小城到经济特区 ················ 76
  特区的成立 ································· 76
  从贸易到工业 ······························ 78
  在对外开放中探索市场经济 ············ 79
  一个初具规模的新兴城市 ··············· 81

第 6 章　邓小平南方视察后的深圳 ············ 84
  向高科技产业转变 ························ 84
  市场经济体制的建立 ····················· 88
  行政体制改革 ······························ 92
  一个现代化大都市的雏形 ··············· 96

第 7 章　世纪之交的城市转型 ··················· 98
  特区不特 ···································· 98
  现代产业体系 ····························· 100
  区域创新体系 ····························· 102
  现代化、国际化大都市 ················ 103

第 8 章　创新与可持续发展 ····················· 105
  特区一体化与城市更新 ················ 105
  创新型城市 ································ 108
  战略性新兴产业与未来产业 ·········· 109
  可持续发展 ································ 111
  社会政策 ··································· 113
  文化深圳 ··································· 121
  深港一体与粤港澳大湾区 ············· 123

结　语　中国改革开放再出发 ·················· 127
  社会主义现代化建设引领区 ·········· 128
  中国特色社会主义先行示范区 ······· 138
  中国的全球城市 ························· 146

上篇　上海

第1章 工业上海

从消费型城市到生产性城市

上海南宋置镇,元朝设县,至19世纪上半叶,已是百货汇集、以埠际贸易为主的国内贸易大港,一座被称为"江海之通津,东南之都会"的江南县城。

1843年开埠之后,上海从以埠际贸易为主的区域性港口城市转型为外贸主导的国际性"互市巨埠"。1864—1948年80余年中,上海历年对外出口贸易占全国的比重基本保持在50%左右,但也有一些年份竟高达70%~80%[1]。

上海还一度成为中国银行以及在中国的外国银行的大本营,众多的金融机构同全国各地的银行、钱庄等组成了关系密切的金融网,并同国外伦敦、纽约、柏林、巴黎等世界大城市的金融市场相联系,使上海成为全国的金融中心[2]。

1895年甲午战争结束后,外资纷纷在华投资设厂,民族资本也积极投资工业,加之19世纪60年代洋务运动中涌现的官办、官督商办和官商合办等近代企业,上海从商业都市转型为商业与工业并重的"工商都市"。据1947年的一项报告,当年上海工厂总数为7738家,工人总数为367433人,分别占全国总数的54.9%和53.8%[3]。此后直到1949年,上海一直是中国工业最发达的地区,保持着中国工业中心的地位。

开埠后上海远洋航运发展迅速,西及伦敦、利物浦,东至美国檀香山,北抵海参崴,南达澳大利亚甚至南美洲的里约热内卢。

中华人民共和国成立后,由于执行以农业为基础、工业为主导的发展方针,以及国防战备的需要,上海由制造与消费并重的"工商都市"

---

1 张仲礼. 近代上海城市研究(1840—1949年)[M]. 上海:上海人民出版社,2014:95-96.
2 张仲礼. 近代上海城市研究(1840—1949年)[M]. 上海:上海人民出版社,2014:50.
3 周振华,等. 上海:城市嬗变及展望:上[M]. 上海:格致出版社,2010:72.

变成一个比较纯粹的"生产型城市",工业成为这个城市最核心的价值所在[4]。上海变成了工业的上海。

20世纪50年代,出于工业布局调整和国防安全考虑,上海并没有作为国家投资建设的重点城市。在实行第一个国民经济发展五年计划(1953—1957年)时,一个国家重点项目都没有给上海安排。据统计,"一五"期间上海工业基本建设投资5.6亿元,仅占全国工业总投资的2.2%[5]。1955年上海市委根据中央关于上海不发展、不扩建、一般维持即可的决定,确定上海采取"积极改造、逐步紧缩"的方针。不过,当时上海虽然不是社会主义工业化的重点建设地区,但作为全国最大的工业基地和工商业城市,仍然担负着十分重要的任务——在国家的计划下积极地支持全国的经济建设。具体地说,第一,要为全国重点建设单位提供协作,生产配套产品,还要为全国各地市场供应大量消费品;第二,要争取多出口工业品,为国家换取更多的外汇;第三,要充分利用上海加工工业集中、技术水准较高、协作面较广、生产成本较低、加工利润较大的有利条件,为国家积累更多的资金;第四,要为全国各地输送和培训技术人才。由此导致1955年在全国工业总值比上年增长5.6%的情况下,上海反而下降了2.8%。

1956年毛泽东发表《论十大关系》,提出要"好好地利用和发展沿海的工业老底子"。陈云到上海,传达毛泽东和中共中央对上海的期望"上海有前途,要发展"。根据毛泽东、党中央的指示,以及国家工业建设的需要,中共上海市委第一次代表大会确定了充分利用上海工业潜力、合理发展上海工业生产的方针。在这个方针的指导下,上海以工业生产为中心,进行了经济改组和技术改造,扭转了"一五"计划前三年工业生产低于全国发展速度,以及1955年工业生产出现下降的局面。1956年上海工业总产值比上年增长34.3%,高于全国增长

---

4 周武. 上海学:第一辑[M]. 上海:上海人民出版社,2015:15.
5 同上。

28.2%的幅度，其中重工业发展又比轻工业更为突出。1956—1965年，上海先后对全市工业进行三次大规模的调整改组。1956年第一次改组，加大对重工业特别是机电工业、冶金工业的投入，以及对企业进行合并，扩大工业企业规模。1958—1960年，大力发展重化工业，组建大型骨干企业，调整产业空间，兴建郊县卫星城，以及发展仪表电子等高级、精密、尖端产业。1962—1965年，调整产业结构，扩大企业规模，引导上海工业向"高、精、尖"方向发展。其中"大跃进"时期大投入、高速度的三年建设，使上海的工业面貌发生了前所未有的巨大变化，重化工业成为这座城市的主导产业，工业布局有了明显改观，形成了一批各具特色的工业区，工业能级得到了提升，表现为大中型骨干企业的建立、专业化协作生产能力的提高、新兴工业的发展和工业技术水平的提高，科技逐渐成为工业发展的推动力（表1.1）。

表1.1 1949—1958年间上海工业结构比例的变化

年份	重工业	轻工业	纺织工业
1949	13.6%	24.0%	62.4%
1950	15.7%	22.8%	61.5%
1951	23.3%	26.3%	50.4%
1952	22.9%	24.9%	52.2%
1953	25.5%	27.8%	46.7%
1954	26.4%	26.7%	46.9%
1955	28.7%	27.6%	43.7%
1956	32.7%	26.2%	41.1%
1957	36.5%	26.9%	36.6%
1958	45.6%	21.9%	32.5%

资料来源：上海市统计局.胜利十年：上海市经济和文化建设成就的统计资料[M].上海：上海人民出版社，1960：15.

1957年，上海市委提出，在上海周围建立卫星城镇，分散一部分工业企业，减少市区人口过分集中的现象。经过1958—1960年三年的规划和建设，上海相继规划建设了闵行、吴泾、嘉定、安亭、松江等五个卫星城；70年代又建设了金山（1972）、宝钢（1978）两个卫星城。另外，在市区外围的近郊建设了吴淞—蕴藻浜工业区（钢铁冶金工业）、漕河泾工业区（精密仪器工业）、彭浦工业区（机电工业）、长桥工业区（化工工业）、吴泾工业区（化学工业）、桃浦工业区（化学工业）、北新泾工业区（化工为主综合工业）等（表1.2）。

表 1.2 计划经济时期上海建立的卫星城镇和市郊工业区

卫星城镇／工业区	地区名	主要产业
卫星城镇	闵行 吴泾 松江 嘉定 安亭	机电工业 化学工业基地 轻工业和机床工业 科学研究基地 汽车工业基地
市郊工业区	吴淞 蕴藻浜 彭浦 桃浦 北新泾 漕河泾 长桥 高桥 庆宁寺 周家渡	钢铁工业基地 钢铁工业基地 大型机械工业 化学工业基地 化学工业基地 精密仪表 建筑材料 化学工业基地 造船工业基地 钢铁工业基地

资料来源：根据相关资料整理。

由于具有较好的工业基础与技术优势，上海工业总产值1949—1977年在全国的占比，多数年份接近20%的份额。就上海工业利润增长而言，1952—1977年增长幅度在全国占比约25%，显示出上海工业生产在全国的领先地位[6]（表1.3）。

表 1.3 1949—1965年上海工业产值及指数

年份	工业总产值（亿元）			工业总产值指数（1952年为100）		
	总产值	轻工业	重工业	总指数	轻工业	重工业
1949	34.34	30.31	4.03	51.5	57.4	29.2
1952	66.60	52.81	13.79	100.0	100.0	100.0
1957	118.82	84.36	34.46	197.1	171.1	295.6
1958	176.44	110.34	66.10	295.7	225.9	573.2
1959	254.68	141.70	112.98	428.9	291.0	986.2

---

6 方书生. 上海的创新引领：从老工业基地迈向全球城市（1949—2019）[M]. 上海：上海人民出版社，2019：28.

续表1.3

年份	工业总产值（亿元）			工业总产值指数（1952年为100）		
	总产值	轻工业	重工业	总指数	轻工业	重工业
1960	298.97	134.49	164.48	515.9	275.9	1498.3
1961	187.43	96.97	90.46	315.9	199.5	788.9
1962	151.98	90.68	61.30	249.9	182.2	521.2
1965	230.77	129.56	101.21	419.2	290.5	938.2

资料来源：上海市统计局，国家统计局上海调查总队.光辉的六十载——上海历史统计资料汇编（1949—2009）[M].北京：中国统计出版社，2009：276-277.

上海本来是一座因商而兴、以商立市的城市。1843年上海开埠后，在其经济结构中，以商业、贸易、金融为主的第三产业占据主导地位。1949年以后，把经济发展重点放到工业上，第三产业逐步萎缩，占国内生产总值的比重逐步下降，从1952年的41.7%降到1960年的19.4%，1972年只有17.3%[7]。至20世纪90年代中期，上海基本上还是一个以工业经济为主的生产型城市，工业生产具有压倒性优势（表1.4，表1.5）。

表1.4 1949—1957年上海第二、第三产业发展情况对比

年份	第二产业				第三产业			
	增加值（亿元）	占GDP比重	就业人数（万人）	占全市就业比重	增加值（亿元）	占GDP比重	就业人数（万人）	占全市就业比重
1949	9.56	47.14%	57.10	22.86%	9.27	45.71%	71.04	28.44%
1951	15.61	49.52%	71.55	25.57%	13.95	44.26%	80.03	28.60%
1953	28.75	55.60%	98.32	31.00%	20.45	39.55%	87.86	27.70%
1955	29.39	54.79%	105.34	32.80%	21.54	40.16%	88.64	27.60%
1957	40.83	58.66%	133.14	36.42%	26.07	37.46%	100.31	27.44%

资料来源：李敦瑞.上海服务业的发展轨迹与新态势[J].上海行政学院学报，2012（2）：79.

---

7 李功豪.上海崛起：从渔村到国际大都市[M].上海：上海大学出版社，2010：121.

表 1.5 1958—1977年上海第二、第三产业发展情况对比

年份	第二产业				第三产业				
	增加值（亿元）	占GDP比重	就业人数（万人）	占全市就业比重	增加值（亿元）	占GDP比重	两类产业增加值比重	就业人数（万人）	占全市就业比重
1958	64.66	67.63%	150.99	37.70%	27.38	28.64%	80.09%	106.14	26.50%
1960	123.36	77.88%	157.96	36.50%	30.80	19.45%	71.20%	109.05	25.20%
1963	65.72	72.47%	144.53	35.00%	20.43	22.53%	65.39%	100.35	24.30%
1966	92.27	73.93%	161.92	35.00%	25.74	20.62%	70.20%	111.03	24.00%
1970	120.82	77.12%	229.59	42.45%	28.43	18.15%	67.67%	111.63	20.64%
1972	132.82	77.68%	249.25	43.22%	29.62	17.32%	69.28%	118.87	20.61%
1973	147.86	79.77%	254.37	43.15%	36.14	19.50%	63.00%	120.46	20.43%
1976	158.89	76.35%	287.53	42.94%	40.44	19.43%	65.01%	140.78	21.03%
1977	176.98	76.83%	295.41	43.47%	45.40	19.71%	67.86%	140.29	20.64%

资料来源：李敦瑞．上海服务业的发展轨迹与新态势［J］．上海行政学院学报，2012（2）：80．

工业城市的国家价值

1949年以后，上海与全国的联系更加直接而紧密。作为中国工业最发达、技术最先进、科技人才最密集城市的上海，被国家赋予特别的时代使命。上海按照党中央"融入全国、服务全国""国内经济发展一盘棋"的指示和要求，通过财政税收、支持内地重大工程建设、为内地输送和培养人才、提供工业设备、提供优质轻纺产品，为国家经济建设作出了巨大贡献。

上海是中国综合性工业和科学技术基地，在中国社会主义建设中具有特殊地位和影响。到1965年，除采掘、采伐工业以外，上海已经拥有当时中国所有的工业门类，初步建成了门类齐全、综合配套的工

业基地，为我国建立独立完整的工业体系作出了重要的贡献[8]。1957 年，在制定第二个五年计划时，上海将改造和发展工业的目标明确为把上海建成为全国发展新技术、制造新产品的一个工业基地。1963 年，上海根据党中央提出的"调整、巩固、充实、提高"的八字方针，提出把上海建设成为我国一个先进的工业基地和科学技术基地的目标，工业生产有计划、有重点地向"高级、精密、尖端"方向发展，赶超世界先进水平。此后，以发展新材料、新设备、新技术、新工艺为中心，促进上海工业生产向高精尖方向发展的工作全面展开，涌现了一大批赶超国际水平的新产品。1956—1966 年，上海成功自行设计研发了万吨水压机、千瓦柴油机、上海牌轿车、万吨远洋轮、高精度万能外圆磨床、20 万倍电子显微镜、2 500 万电子伏特回旋加速器、1 200 毫米冷轧板机、每秒 5 万次电子计算机、强力人造纤维等新设备、新技术、新工艺、新材料。上海科研单位和工厂还参与了中华人民共和国第一颗氢弹、第一颗人造卫星的研制，在世界上首次合成人工牛胰岛素，在中小规模集成电路和计算机、大功率激光器等领域取得重大成果，成为中国举足轻重的科学技术基地[9]。

此外，上海还大力支持国家其他地区的工业和经济建设，如组织 21 万名上海工人（其中技术人员 0.54 万余人、技工 6.3 万人）落户外省市，支持外地建设；将 272 家轻工、纺织等工厂迁入内地，为当地培训艺徒 3.6 万人；为内地轻纺工业提供大量装备，其中纺织机械可装备 16 个大型棉纺厂、30 个大型织布厂，向鞍山钢铁公司 30 家工厂提供 78 种产品，向第一汽车制造厂提供 43 种产品，向西北油田提供 400 多种机械配件等[10]。1964 年 8 月，根据中央和国务院作出的在全国建设"大小三线"的决定，上海承担了"大三线"建设的 304 个搬迁项目，有 411 个工厂、9.2 万名职工、2.6 万台机器设备，搬迁到四川、贵州、江西、湖北、陕西、福建、广西、甘肃、青海、云南、宁夏等 13 个省、

---

8 熊月之，周武．上海：一座现代化都市的编年史［M］．上海：上海书店出版社，2007：510．
9 赵刚印．改革开放成就上海［M］．上海：上海人民出版社，2018：2．
10 周武．上海学：第一辑［M］．上海：上海人民出版社，2015：15．

自治区；上海还承担了"小三线"建设的55个项目，有64个工厂、2.7万名职工、1300多台机器设备搬迁到安徽、浙江、江西三省[11]。

除了生产工业产品、机器设备，提供建设人才外，上海还为国家创造了大量的财政收入和外汇，并将大部分财政收入上缴国家，是国家的财政支柱。1951年，上海地方财政预算内收入上缴中央的比重还不到9%。此后经不断调整，越来越高。1949—1990年间，上海财政收入预算内总计3911.79亿元，其中上缴国家3283.66亿元，占比83.94%；地方留用628.13亿元，占比16.6%（表1.6）。

表1.6 1989年全国主要省市上缴财政情况表

地区	地方财政收入（亿元）	上缴中央财政（亿元）	上缴占财政收入比重
上海	152.66	126.71	80.0%
北京	72.4	34.39	47.5%
天津	46.49	24.87	53.5%
江苏	126.39	69.71	55.1%
浙江	98.21	33.71	34.3%
山东	100.94	2.89	2.9%
广东	136.87	16.78	12.2%
辽宁	133.88	48.3	36.0%

资料来源：全国政协文史和学习委员会.十四个沿海城市开放纪实：上海卷[M].北京：中国文史出版社，2015：24.

上海财政上缴中央比例很高，地方支出很低，对城市基础设施建设和人民生活影响很大。直至20世纪80年代初，上海中心城区格局包括市政设施、住宅区状况，几乎全是三四十年代留下来的，城市轮廓线、街道面貌基本未变，只不过初建时属于世界先进的市政设施因长期得不到更新而严重老化，上海不免显得"老气横秋"，曾经的国际化大都市风光不再[12]。曾任上海市长的汪道涵讲道："在我当上海市长期间，我上对得起朝廷（喻中央政府），每年上海上缴国家财政占国家财政收入的1/6，但对不起黎民百姓（喻上海市民）。每天早

---

11 周振华，等.上海：城市嬗变及展望：上[M].上海：格致出版社，2010：80.
12 周武.上海学：第一辑[M].上海：上海人民出版社，2015：22.

晨我看到马路上有那么多的煤球炉在生火，到处在烟雾腾腾，那么多的马桶在马路上刷洗，我直感到心痛，当时上海实在没有多余的资金来改善和发展市民的生活了。"[13]

20世纪80年代的上海

1949年以后，上海利用自身工业基础和技术优势，以及国家的全力支持，取得骄人的经济成就。1949—1978年间，创造了全国1/6的财政收入和1/10的工业产值。改革开放以后，上海工业发展受到严重冲击：（1）经济特区和其他沿海城市大量引进境外直接投资、技术和管理，工业生产迅猛发展，工业产品占国内市场份额大幅上升。（2）乡镇企业崛起，与上海工业发展形成竞争态势。（3）生产要素市场化，原材料、能源价格上升，使上海工业成本和产品价格优势逐步丧失，甚至因原材料、能源供应紧张，导致工厂开工不足或停产。20世纪80年代，上海得到的计划能源原材料比重，已从1978年的80%剧降到1988年的25%左右，且能源原材料价格大幅上涨[14]。（4）作为中国计划经济体制的代表性城市，由于得不到及时更新改造，上海工业设备陈旧、厂房简陋、技术落后，投入少，产出多。20世纪80年代，上海工业发展速度下降，整体效益下滑。上海工业总产值与实现利税总额占全国的比重，分别从1978年的12.1%和19.4%下降到1989年的7.2%和10.3%，降幅达到4.9和9.1个百分点。1986年，上海工业生产出现破天荒负增长。

从20世纪70年代末至80年代末，上海经济发展走过了一段艰难曲折的道路，具体表现为如下几个方面。

---

13 全国政协文史和学习委员会. 十四个沿海城市开放纪实：上海卷[M]. 北京：中国文史出版社，2015：29.
14 康燕. 解读上海[M]. 上海：上海人民出版社，2001：28.

(1) 1978—1990 年，上海 GDP 增长率略高于全国平均水平的只有 3 年，其余 10 年均低于或远低于全国平均水平（表 1.7）。1978 年上海创造的 GDP、社会总产值、国民收入和工业总产值，占全国的比重分别为 7.06%、8.65%、8.16% 和 13.0%，而 1990 年已分别下降到 4.21%、5.37%、4.29% 和 4.85%[15]。

表 1.7 1978—1992 年上海 GDP 增速与全国同期增速比较

年份	上海 GDP 增速	全国 GDP 增速	上海与全国速度差距
1978	15.8%	11.7%	4.1%
1979	7.4%	7.6%	-0.2%
1980	8.4%	7.8%	0.6%
1981	5.6%	5.2%	0.4%
1982	7.2%	9.2%	-2%
1983	7.8%	10.9%	-3.1%
1984	11.6%	15.2%	-3.6%
1985	13.4%	13.5%	-0.1%
1986	4.4%	8.8%	-4.4%
1987	7.5%	11.6%	-4.1%
1988	10.1%	11.3%	-1.2%
1989	3.0%	4.1%	-1.1%
1990	3.5%	3.8%	-0.3%
1991	7.1%	9.2%	-2.1%
1992	14.8%	14.2%	0.6%

资料来源：袁恩桢，孙海鸣. 上海 30 年：改革开放与经济发展[M]. 上海：上海财经大学出版社，2008：201.

(2) 工业产品占国内市场份额逐年下降。1949 年以后，经上海加工、批发、经销的日用工业品一度远销全国各地，百货供应量约占全国的 60%，纺织品约占 1/3，上海国营批发企业成交额一般占全国供货会的 40%～60%。而 1985 年以后，上海向外地购进工业品的速度和数量明显增长——上海市场上的外地产品渐占主流。上海从作为全国日用工业品主供地的位置，开始转换为主要承担集散地功能[16]。

(3) 外贸出口徘徊不前。1980—1990 年，外贸出口总额从 42.7 亿美元增长到 53.2 亿美元，年均递增率仅为 2.2%。其中 1980—1985 年连续 5 年下降，出口总额从 42.7 亿美元下降到了 33.6 亿美元，平均

---

15 周振华，洪民荣. 上海改革开放 40 年大事研究：卷二[M]. 上海：格致出版社，2018：11.
16 黄金平，等. 上海经济发展三十年[M]. 上海：上海人民出版社，2008：24.

每年下降 4.7%；1986 年开始有所回升，但到 1990 年上海外贸出口占全国总量的比重已下降到 8.6%[17]。

（4）上海地方财政收入徘徊不前。1978 年，上海的地方财政收入为 169 亿元，到 1990 年仍为 170 亿元，在 12 年中几乎没有增长[18]。

由于片面强调"先生产、后生活"，国家和政府投资主要集中到生产领域，忽略了城市基础设施建设，致使上海的住宅、道路、水电煤等公用事业建设严重滞后，负债累累，突出表现为城市面貌陈旧，住房极为紧张，市政设施老化，交通严重堵塞，环境污染恶化[19]。据统计，1950—1983 年，上海的基本建设投资总共 350 亿元，其中 250 多亿元用于工业方面，用于城市基础设施建设和发展第三产业的资金不足 100 亿元，平均每年不足 3 亿元。而且，投资比重不断下降，恢复期为 60.7%，"一五"时期下降为 50.4%，1983 年仅占 20%[20]。进入 20 世纪 90 年代，上海的基础设施已经大大超出了承受极限——几乎天天发出不堪重负的痛苦呻吟[21]。

1980 年 10 月 3 日，《解放日报》发表了上海社会科学院部门经济研究所沈骏坡研究员写的文章，题目为《十个第一和五个倒数第一说明了什么？——关于上海发展方向的探讨》。

上海"十个第一"：

（1）工业总产值占全国八分之一强，总产值之大，居全国各省市第一位。

（2）出口总值占全国四分之一强，其中上海市产品占 60%，创汇之多，居全国各省市第一。

（3）财政收入占全国六分之一，上缴国家税利占中央财政支出

---

17 周振华，洪民荣．上海改革开放 40 年大事研究：卷二［M］．上海：格致出版社，2018：14．
18 熊月之，周武．上海：一座现代化都市的编年史［M］．上海：上海书店出版社，2007：575．
19 周武．上海学：第一辑［M］．上海：上海人民出版社，2015：22．
20 潘名山．上海对外开放战略和政策［M］．上海：上海财经大学出版社，1999：12．
21 康燕．解读上海［M］．上海：上海人民出版社，2001：28．

的三分之一，上缴数量之多，居全国各省市第一。
(4) 工业全员劳动生产率，1979年为30013元，高于全国平均值1.5倍以上，居全国第一。
(5) 工业每百元固定产值实现的利润，1979年全市平均63.73元，为全国平均数的4倍，居全国第一。
(6) 工业资金周转率为69.5天，周转之快，为全国大城市第一。
(7) 全市人均年生产总值，1979年为1590美元，居全国第一。
(8) 能源有效利用率，1979年为33%，高于全国28%的平均水平，居全国第一。
(9) 上海商业部门调往各地的日用工业品占全国调拨量的45%，商业调拨量居全国第一。
(10) 解放后迁往内地工厂300多家，输送技术人员、技术工人超过100万人，向外输送技术力量居全国第一。

上海"五个倒数第一"：
(1) 市区每平方公里4.1万人，城市人口密度之大，为全国之最。
(2) 市区建筑密度高达56%，人均拥有道路面积1.57平方米，绿化面积0.47平方米，建筑之密、房屋之挤、道路之窄、绿地之少，均为全国大城市之最。
(3) 市区人均居住面积4.3平方米（包括棚户、简房、阁楼在内），4平方米以下的缺房户91.8万户，占全市总户数60%左右，缺房户比重之大，为全国之最。
(4) 上海平均每万辆车每年死亡人数42.5人，车辆事故之高为全国大城市之最。
(5) 由于"三废"污染严重，上海癌症发病率之高，为全国城市之最。

1981—1982年间，在中共上海市委和市人民政府的领导下，全市掀起了关于"上海向何处去，建设什么样的上海"问题的大讨论。

其实，早在1978年，上海就开始着手研究工业的改造和振兴问题，对手表、自行车、缝纫机等行业，以及纺织、机械等部门展开了广泛的调查。调查发现，由于设备陈旧、技术落后，上海相对国内其他地区的工业优势日益缩小，与国际水平差距不断扩大，需要并需扩大引进国外先进技术，大规模地进行技术改造，更新设备，加快产品升级换代。

1981年，时任上海社科院部门经济研究所副所长陈敏之承担"上海经济发展战略研究"课题。该课题的研究引起了上海市政府以至中央的高度重视。在展开课题研究的同时，举办了由上海社科院发起，由上海市计委、市经委和市委研究室等单位联合组织的"上海经济双周座谈会"，把上海经济发展战略的研究推向了新的高潮。研究内容从单纯工业技术改造的讨论推向经济结构问题的研究。研究报告认为，上海的经济结构和上海的工业结构一样，是陈旧和落后的。上海的问题是今后仍然作为中国最大的综合性工业基地，发挥其单一的功能，还是作为中国最大的经济中心，发挥其多种功能的问题。为了适应今后形势发展的需要，上海应作为中国最大的经济中心和最重要的对外开放城市，在以下领域中发挥其应有的作用。第一，在国内外贸易中，应当成为中国最大的贸易中心；第二，随着贸易中心的形成，应当逐步相应地形成金融中心；第三，应当成为提供各种专业人才的中心；第四，应当大力发展为生产、流通、消费提供服务的各种事业，如技术、信息服务等。

1984年9月，中央委派由宋平和马洪率领的上海经济发展调查组，进行了为期半个月的调查研究。在此基础上，邀集了国务院有关部委负责同志以及全国各地的专家学者，召开了近百人参加的"上海经济发展战略战役研讨会"。这次研讨会以后，上海市委、市政府和国务院调研组一起，综合分析了各部门在调研基础上形成的汇报材料，汇总了与会专家学者的建议，形成了上海市人民政府向国务院提交的《关于上海经济发展战略的汇报提纲》（以下简称《汇报提纲》）。《汇报提纲》指出，30多年来，上海为促进全国经济的发展作出了很大的贡献，但由于过分强调发挥工业生产基地的作用，而忽视了其他多种功能的发挥。如今作为老工业基地，装备陈旧，技术老化，城市基础设施严重落后，环境日益恶化。为此，提出了"成为中国四个现代化的开路先锋"和"充分发挥对外开放和多功能中心城市的作用"的发展目标，并确定了上海经济发展战略的"6条方针"，即：对国内外都开放，起沟通内外的桥梁作用；广泛采用先进技术，有重点地加快改造传统工业；逆向发展新技术，开拓新兴工业；发展第三产业，为全国服务；逐步改造老市区与积极建设新市区相结合；社会主义物质文明建设与精神文明建设相结合。上海还应成为利用外资、引进国外先进技术的主要门户，以及消化吸收后向内地转移先进技术和管理方法的桥梁；成为全国最大的商品集散地和最重要的外贸口岸；成为全国重要的金融市场和经济技术信息中心；成为面向全国培训科学技术人员、经营管理人员和高级技工，广泛提供咨询服务的重要基地。

1985年2月，国务院正式批转了《关于上海经济发展战略的汇报纲领》，并在通知中明确指出，上海在中国经济建设中占有举足轻重的地位。它是中国最重要的工业基地之一，也是全国最大的港口、贸易中心、科技中心和重要的金融中心，信息中心。同时指出"改造、振兴上海不仅是上海市的大事，也是关系我国四个现代化建设的大事，国家应该给予上海必要的支持，各地区和各有关部门也要积极给予支援和帮助"。在新的历史条件下，上海"要走改造、振兴的新路子，充分发挥中心城市多功能的作用"，要"充分利用对内对外开放的有利条件，发挥优势，引进和采用先进技术，改造传统工业，开拓新兴工业，发展第三产业，逐步改善基础设施和投资环境"，使上海成为全国四个现代化建设的"开路先锋"，"力争到本世纪末把上海建设成为开放型、多功能、产业结构合理、科学技术先进、具有高度文明的社会主义现代化城市"。

《汇报提纲》是上海制定的第一个城市发展战略规划，为上海这座城市转变功能、发展外向型经济指明了方向。1985—1988年间，国务院在财税、外资外贸外汇、土地改革等方面给予上海一定的支持和倾斜，上海大力开展企业技术改造、开拓新兴工业和发展第三产业，一系列大型骨干工程建设全面展开，从而实质性地启动了上海的转型与振兴。1986—1988年的三年中，上海保持了国民经济的稳定增长，对外开放取得较大进展，出口走出连年下降的低谷，转为逐年上升；城市基础设施建设有所加强；市民生活收入增长较快。但这一时期能源、原材料供应紧张，财政困难，资金供求矛盾、城市建设中的突出矛盾依然制约着上海经济和社会发展[22]。

经济体制改革与对外开放

上海的改革开放是在对中央承诺"三个保证"和"三项改革"条件下实施的。"三个保证"就是：保证坚持社会主义方向、保证服从国家的宏观调控、保证每年超额完成财政上缴。"三项改革"就是：自费改革、自主改革、率先改革。1984年，中共十二届三中全会通过关于经济体制改革的决定，中央提出，上海必须切实贯彻执行积极推进城市经济体制的全面改革，改革的步子迈得更大一些，要走在全国的前面，为实现我国城市经济体制改革的伟大任务作出应有的贡献。

上海作为一个老工业基地，长期受到计划经济体制束缚，国有企业改革任务相当艰巨。从1978年开始，上海开始推进企业基金制度，当企业完成产量、质量、利润和供货合同时，可按职工工资总额的5%提取企业基金。1979年试行利润留成制度，即按企业的不同情况，核定利润上交和留成比例，企业可用提留的利润建立生产发展基金、集体福利基金和职工奖励基金。1980年试行"独立核算、国家征税、自负盈亏"以税代利改革，1984年实行利改税。1984年8月，拟定了《关

---

22 周振华，洪民荣. 上海改革开放40年大事研究：卷五[M]. 上海：格致出版社，2018.

于本市改革试点企业贯彻进一步扩大国营工业企业自主权的暂行规定的若干实施意见》，即"扩权十二条"，其主要内容：一是改革计划管理体制，缩小指令性计划和物资统配的范围；二是改革技改审批权限，企业留存折旧基金，增强自我改造能力；三是改革外贸体制，扩大企业外贸自主权；四是制定政策和法规，落实企业自主权。

1986年年底，上海在国有大中型企业实行承包经营责任制，在小型国有企业实行租赁经营责任制。1988年，上海实行厂长负责制，并对奖金、工资和劳动人事制度进行了改革。1991年，上海通过贯彻《转机条例》，全面落实14项经营自主权。1994年，上海制定了率先建立现代企业制度的总体思路和启动方案，提出到1997年年底，上海基本建立起适应市场经济要求，产权清晰、权责明确、政企分开、管理科学的现代企业制度。

为将扩大企业自主权进一步落实，上海进行了行政性公司的改革。上海的行政性公司作为政府和企业的中间层次，是1956年以后按行业逐步建立起来的。作为计划经济体制下的管理模式，随着改革的深入，其政企不分、责权利脱节、机构重叠、对企业干预过多的弊端逐步显现，特别是企业扩权后，逐渐形成比较完整的生产经营体系，其行政管理模式已越来越不适应。1985年年底，上海首先在机电、医药两局所属的公司中进行试点。1986年7月，市委、市政府转发市体改办《关于本市行政性工业公司体制的改革方案》，在上交政府（主管局）行政管理职能和下放企业经营管理权的基础上，按不同行业的具体情况主要分为五种方式进行了公司的撤销和改革：第一种是大厂脱离公司，独立自主经营；第二种是公司解体，按产品或行业组建几个集团；第三种是撤销行政性公司，由局直接面向企业；第四种是结合发展横向经济联合，组织跨部门、跨行业的联合公司；第五种是改行政性公司为企业性公司。到1987年，上海市77个市级行政性工业公司中，撤销了59个，改组为企业性公司的8个。

上海还大力加强现代市场体系建设（表1.8）。

表 1.8 20 世纪 80 年代上海市场体系建设重要事件及影响

时间	重要事件	意义及影响
1979 年	上海房地产市场启动	商品房交易开启
1981 年	上海成立了国内第一个外汇交易市场	开启了我国外汇交易的新时代
1984 年	上海率先试办了人才市场，设立了上海市人才交流服务处和上海市人才银行	为上海城市发展储备了重要的人力资本
1984 年 9 月	上海第一个个体服装市场在华亭路诞生	极大丰富了上海市民的生活
1986 年	上海试办了全市第一个劳动力市场	迈出了劳动力市场化要素定价的第一步
1987 年	上海制定了《上海市土地使用权有偿转让办法》	土地改革制度新探索
1988 年	人民路开设各种生产资料商店	为小企业生产经营提供了便利
1990 年 12 月	上海证券交易所开业	重新确立上海在全国资本市场的地位，标志着中国证券市场迈出了从无到有的第一步

资料来源：肖林，周国平. 卓越的全球城市：不确定未来中的战略与治理：上卷·战略环境[M]. 上海：格致出版社、上海人民出版社，2017：132.

1979 年，上海提出建设工业基地、科技基地和出口基地，着重推进外贸基地建设。在全国率先建立地方外贸公司。1980 年，上海推进工贸结合、技贸结合，成立工贸结合的进出口公司。

改革开放以后，上海充分利用自身基础好、国际影响大的优势，积极引进国外先进技术、管理和资金，建立中外合资企业。1980 年 7 月，中国建筑机械总公司、瑞士迅达有限公司、香港怡和迅达（远东）有限公司三方合资的中国迅达电梯有限公司上海电梯厂成立，这是上海改革开放后第一家中外合资工厂。1984 年，上海被列为沿海开放城市，上海引进外资全面起步。为了更好地利用外资、引进国外先进技术设备、管理方法，1982 年，上海建立虹桥开发区，重点发展对外经济和贸易。1983 年，建设闵行开发区，主要从事出口加工。1988 年，建设漕河泾新兴技术开发区，通过引进外资和技术，发展高技术产业。1986—1988 年，上述三个开发区先后获批为国家级经济技术开发区，按照统一规划、分期实施的原则进行滚动开发。1980—1987 年，批准各类利用外资项目 590 项，吸收外资 21 亿美元，外商在上海开办的合资、合作、独资企业达到 274 家。在利用国外先进技术方面，上海已经出现了一些大的项目，如宝山钢铁总厂、大众汽车厂以及飞机研制项目[23]。

---

23 张仲礼. 上海和上海经济区在中国经济现代化中的地位和作用［J］. 社会科学，1988（1）：3.

第 2 章　浦东开发开放

浦东开发开放决策过程

1980 年，有学者提出在浦东地区建设新市区的建议，引起了浦东开发的研究热潮。1984 年，上海市政府组织包括上海社会科学院、复旦大学等在内的全市各方面机构专家、学者，以开拓发展空间、优化城乡布局、调整产业结构、强化经济功能为主题，研究上海发展战略问题，述及北上、南下、西扩、东进四种方案。其中东进方案，便是跨越黄浦江，开发浦东[1]。

1984 年 9 月，国务院改造振兴上海调研组和上海市政府联合起草的《关于上海经济发展战略的汇报提纲》中提出开发浦东问题。1984 年 12 月，上海市政府和国务院调研组提交《上海经济发展战略汇报提纲》，正式提出上海的城市和工业布局——创造条件开发浦东、筹划新区的建设。1985 年，国务院在批复的《关于上海经济发展战略的汇报提纲》中指出："上海的城市和工业布局，也要适应经济发展的需要。重点是向杭州湾和长江口南北两翼展开，创造条件开发浦东，筹划新市区的建设。"1986 年 10 月，国务院正式批复《上海市城市总体规划方案》，要求"当前，特别要注意有计划地建设和改造浦东地区。要尽快修建黄浦江大桥及隧道等工程，在浦东发展金融、贸易、科技、文教和商业服务设施，建设新居住区，使浦东地区成为现代化新区"。1987 年 6 月，一个聚焦开发浦东的中外联合咨询小组成立，上海市原市长、国务院上海经济区规划办公室主任汪道涵任总顾问。这个小组进行了大约一年时间的可行性研究，形成了浦东开发的规划构想。为了落实国务院重要指示批示精神，1987 年 6 月，上海市人民政府决定成立由中外专家参加的"开发浦东联合咨询研究小组"，完

---
[1] 熊月之. 上海城市品格读本［M］. 上海：上海人民出版社，2021：129.

成《浦东新区规划纲要（草案）》。1988年5月，上海市人民政府在上海西郊宾馆召开了"上海市浦东新区开发国际研讨会"。

1989年春夏之交一场突如其来的政治风波，使得国外舆论开始普遍怀疑中国的改革开放政策会不会执行下去。一时间，招商引资停顿，大量外资撤出。在那种特殊的政治环境下，上海乃至全国都需要一个标志性的事件来向世界宣告中国改革开放的决心。

1990年年初，朱镕基向在沪的邓小平提出开发开放浦东的战略设想，邓小平非常支持，也提醒道："浦东开发晚了，但还来得及，上海市委、市政府应该赶快给中央报。"1990年2月26日，上海市委、市政府正式提出《关于开发浦东的请示》，时任国家计委主任邹家华率国家有关部门负责人前来上海现场办公。3月，时任中共中央政治局常委、国务院副总理姚依林受时任中共中央总书记江泽民和国务院总理李鹏委托，率国务院特区办、国家计委、财政部等部门负责同志来上海，对浦东开发开放问题作专题调研和论证，并向党中央国务院呈送《关于上海浦东开发的几个问题的汇报提纲》。4月12日，以江泽民同志为核心的党中央原则同意开发开放浦东。4月18日，国务院总理李鹏向国内外正式宣布这一具有深远历史意义的重大决策，并表示"这对于上海和全国都是一件具有战略意义的事情，中央要给予必要的支持，全国各地也要给予积极的支持，但更主要的是要依靠上海人民的支持和努力"。随后，上海成立浦东开发领导小组，设立浦东开发办公室，成立浦东开发规划研究院。1990年5月，上海市委、市政府正式向中共中央、国务院上报《关于开发浦东、开放浦东的请示》。1990年6月2日，中共中央、国务院正式批复上海市委、市政府，原则上同意上海的请示。同时指出，开发和开放浦东是深化改革，进一步实行对外开放的重大部署，必将对上海和全国的政治稳定与经济发展产生极其重要的影响。

浦东开发开放，离不开邓小平的强力支持。他指出，要实现适当的发展速度，不能只在眼前的事物里面打圈子，要用宏观战略的眼光分析问题，拿出具体措施。机会要抓住，决策要及时，要研究一下哪些地方条件更好，可以更广大开源。比如抓上海，就算是一个大措施。上海是我们的王牌，把上海搞起来是一条捷径。

新区而非特区

浦东不是特区，而是新区，不搞特区搞新区，就是不把浦东搞成一个相对独立的经济体，搞特区不仅无法解决浦西的城市功能重塑问题，而且离开了浦西的城市功能依托，浦东开发也不可能成功。浦东不是经济开发区，而是功能开发区，就是不单纯搞工业，而把上海整体经济中较适合浦东发展的一些功能放在浦东，推动上海城市空间布局和产业结构调整[2]。新区，为的是有别于特区，也有别于经济开发区。所谓"不特而特"，反而更容易利用特区和开发区的政策[3]。

为了加快浦东开发开放，中央政府先后于1990年、1992年、1995年三次比较集中地赋予其一系列扩大对外开放的特殊政策。

1990年，中央给予了浦东开发10项优惠政策，以及65亿元启动贷款，包括允许外商投资能源基础项目、兴办第三产业、增设外资银行开展外币存贷、进出口结算、外汇担保等业务，从事转口贸易、成片承包开发土地等。

1992年，扩大浦东新区部分项目审批权，允许外国企业在浦东新区开办百货商店、超级商场第三产业；允许外资在整个上海范围内开办银行、财务公司、保险公司等金融机构；允许上海设立证券交易所，开展人民币股票和B种股票交易；在外高桥设立中国开放度最大的保税区，实行免关税、免许可证、允许设立国际贸易机构等特别优惠政策；在浦东新区兴办生产性项目、非生产性项目，以及企业自

---

2 《解放日报》2008年12月8日。
3 张军. 改变中国：经济学家的改革记述[M]. 上海：上海人民出版社，2019：362.

营出口业务等方面,给予上海更大的自主审批权。增加资金筹措管道:(1)允许上海每年发行 5 亿元浦东建设债券。(2)在原定每年给上海 1 亿美元外汇贷款的基础上,每年再增加 2 亿美元的优惠利率贷款。(3)允许上海在原定额度外每年再发行 1 亿元股票,为浦东开发筹资。(4)允许上海每年发行 1 亿美元 B 种股票。(5)在原定每年国家支持 2 亿元拨款的基础上,从 1992 年开始每年再增加 1 亿元拨款。

1995 年,又赋予浦东一系列新的优惠政策,主要涉及财政税收和资金、扩大市场开放度和准入度以及扩大审批权限三个方面。包括:经外经贸部批准的有进出口经营权的年出口额在 1 亿美元以上的外贸企业、出口额在 2000 万美元以上的自营生产企业,可以在浦东新区设立子公司,授权上海市审批;允许在浦东新区选择有代表性的国家和地区,试办三四家中外合资的外贸企业;外高桥保税区内可以开展除零售业务以外的保税性质的商业经营活动,并逐步扩大服务贸易;一旦中央政府同意外资银行经营人民币业务,将允许首先在浦东试点,进入浦东的个别外资银行将获得优先权;在具备条件以后,经中国人民银行审批,在陆家嘴注册的外资金融机构可以在浦西和外高桥保税区内设立分支机构;可以在浦东新区再设立若干家外资和中外合资保险机构。中央政府先后批准在浦东建设陆家嘴金融贸易区、外高桥保税区、金桥出口加工区、张江高科技园区、洋山保税港区、浦东机场综合保税区等功能各异的国家级开发区,把一系列国家级的重大项目放在浦东。

2005 年,国务院批准浦东进行综合配套改革试点,要求浦东深入推进企业、市场、社会、政府四位一体的改革,着力改变政府职能、着力改变经济运行方式、着力改变城乡二元经济与社会结构,率先建立起完善的社会主义市场经济体制,为推动全国改革起示范作用。上海市人民政府《上海浦东综合改革试验区框架方案》提出了 7 项改革任务:(1)推动政府转型,探索公共服务型政府体制和机制。重点是把政府职能转到经济调节、市场监管、社会管理和公共服务上来。(2)加快发展各类要素市场,积极推动金融创新。重点是增强浦东要素市场的集聚度，提高金融服务功能，更大程度地发挥市场配置资源的作用。（3）加快社会领域改革探索，促进经济社会协调发展。重点推进教育、文化、卫生领域的改革，全面提升保障和服务水平，探索一套符合我国国情的制度体系。（4）率先消除城乡二元制度障碍，推进城乡一体化发展。重点是消除城乡分割的制度障碍，走新型工业化道路，加快形成以人为本的城乡经济社会共同发展机制。（5）大力发展混合所有制经济，增强微观经济主体活力。重点是探索混合所有制的实现形式，增强企业的活力和竞争力。（6）加快科技体制改革，增强创新能力。着眼于提升国际竞争力，形成有利于创新的制度和体制环境，以推动产业升级和结构优化。（7）扩大对外开放，形成与国际惯例靠拢的市场运行环境。坚持请进来和走出去并举，充分发挥"两种资源、两个市场"的作用，增强国际竞争力。国家发改委3项改革：（1）大力培育和发展中介组织，提高经济活动的社会组织化活动。（2）探索建立人力资本优化积累机制，创造人才强国的制度环境。（3）建立科学的调节机制，完善与经济社会发展水平相适应的现代社会收入分配与保障体系。

此后十多年来，浦东综合配套改革按照国务院批复方案的要求，先后完成几轮综合改革三年行动计划，在一些重点领域和关键环节取得了突破，积累了一些可复制、可推广的经验。

浦东开发开放与上海的历史性巨变

上海市委、市政府曾将20世纪90年代上海的变化概括为三个"三年大变样"和"八大历史性变化"。这三个"三年大变样"分别是：第一个"三年大变样"，修路修桥，切实解决城市交通和城市市政设施建设问题；第二个"三年大变样"，旧区改造、建新房，切实解决老百姓的住房问题；第三个"三年大变样"，从城市发展的长远战略出发，切实抓好城市环境保护和环境建设。"八大历史性变化"包括：（1）经济体制从传统的计划经济模式转向社会主义市场经济体制，商品市场化程度已达95%，实现投资主体多元化的国有企业占改制企业的80%以上。（2）城市性质从工商城市转向经济中心城市，拥有证券、外汇、期货、人才等一批国家级要素市场，以及18个区域性市场和180个地方性市场。（3）城市建设从还历史性欠账转向建设枢纽功能性设施，初步形成市区立体交通网的构架，基本建成信息港的主体工程，全市新建建筑面积达到1亿多平方米。（4）经济运行从相对封闭转向全方位开放，91个国家和地区在上海投资2.2万多个项目，累计吸收外资合同金额454亿美元；全国各地在沪投资企业1.5万多家，注册资金超过600亿元。（5）经济发展重心由"调整中发展"转向"发展中调整"，在加快工业高地建设的过程中，第三产业占国内生产总值比重已经超过50%，信息产业已经成为工业第一支柱。（6）各项社会事业发展从量的扩大转向质的提高，新增劳动力受教育年限超过12年，平均期望寿命达78岁，先后建成一批标志性的文化设施。（7）城乡人民生活从温饱型转向比较宽裕的小康型，城镇居民年人均可支配收入超过1.15万元，农村年人均纯收入超过5500元，城镇登记失业率低于3.5%，市区居民人均居住面积超过11平方米。（8）人们的活动方式从"单位人"转向"社会人"，城镇社会保障覆盖率超过98%[4]。更具体而言：

1. 经济实力增长

1992年浦东开发开放后，上海蕴含的潜能被空前激发出来，开始了新的腾飞，经济实力急速增长（表2.1）。1990年浦东地区生产总值为人民币60亿元，2001年突破1000亿元，到2008年突破1万亿元。创造了全市1/3的地区生产总值，2/3的外贸进出口总额。

---

[4] 康燕. 解读上海[M]. 上海：上海人民出版社，2001：118-119.

表 2.1 20 世纪 90 年代上海经济实力变化表

年份	GDP（亿元）	GDP（亿元）	就业人口在三次产业中的分配比例		
			第一产业	第二产业	第三产业
1990	756.45	5818	11.4%	60.2%	28.4%
1996	2902.20	22274	10.0%	52%	38%
1997	3360.00	25738	10.5%	49%	40.5%

资料来源：熊月之．上海通史：第1卷［M］．上海：上海人民出版社，1999．

2．社会主义市场经济体制基本建成

构建国有资产管理新体制，深化国有企业改革，发展要素市场以及行业协会和市场中介组织。到2000年，上海基本建成社会主义市场经济体制。

20世纪80年代，上海先后试行国企利润提成制度、利改税、厂长负责制，以及在大中型国企实行承包经营责任制，在小型国企实行租赁经营责任制，还进行了股份制改革。90年代，上海市试点建立"产权清晰、权责明确、政企分开、管理科学"的现代企业制度。进入21世纪，上海推进现代产权制度改革和国有资产管理体制改革。2003年，成立国资委，以国资委直接作为国有控股公司的国有出资人，变国有资产授权经营为国有股权经营，分类推进改革并构建新的控股公司，实现了国有资产从非核心产业退出和国有企业主业整合。2008年起，上海市人民政府出台《关于进一步推进上海国资国企改革发展的若干意见》，提出要进行开放性、市场化联合重组，提高资产证券化比率。2013年，上海市人民政府发布《关于进一步深化上海国资改革促进企业发展的若干意见》（简称国企改革20条），对国有企业不同功能进行分类。2014年，上海提出发展混合所有制，实行国企新一轮改革。

1995—1997年，上海先后将工业、建设、商业、农业、交运等系统的19个企业主管局，改制为40多个国有资产控股公司或大型企业集团，实现了由原来行政管理体制转向以资产为纽带的公司化体制（表2.2）。

表 2.2 部分企业主管局撤局建制的基本情况

企业主管局	组建成立控股公司	备注
纺织工业局	纺织国有资产经营管理公司	后改为上海纺织控股（集团）公司
仪电电讯工业局	仪电国有资产经营管理公司	后改为仪电控股（集团）公司
机电工业管理局	上海机电控股（集团）公司	1996年与电气控股（集团）总公司重组
化工局 医药管理局	上海化工（集团）公司	1996年化工集团与医药管理局重组，组建华谊集团公司
第一商业局	上海一百（集团）有限公司 上海友谊（集团）有限公司 上海华联（集团）有限公司	2003年一百、华联、友谊与物资集团重组，成立上海百联集团有限公司
冶金工业局	上海冶金（集团）公司	1998年并入宝钢集团公司
交通运输局	上海交运（集团）公司	
建筑材料管理局	上海建工（集团）公司	
建筑工程管理局	上海建筑材料（集团）总公司	
水产局	上海水产（集团）总公司	
农场管理局	上海农工商（集团）总公司	
轻工业局 第二轻工业局	上海轻工控股（集团）公司	
物资管理局	上海物资（集团）公司	2003年与商业三个集团重组

资料来源：袁恩桢，孙海鸣. 上海30年：改革开放与经济发展[M]. 上海：上海财经大学出版社，2008：208.

1993年上海率先成立了国有资产管理委员会，将政府的所有者职能与其他职能有效分开，建立了"两级管理""两个体系""三个层次"的国资管理框架[5]。

上海市国有资产管理委员会（市国资委），是上海市国有资产所有权的代表，依法对全市国有资产行使所有者的管理职能。上海市国有资产管理办公室，作为国资委常设办事机构，专事国有资产管理。国有资产授权经营公司，是经市国资委批准和授权的国有控股公司和大型企业集团，对授权范围内的国有资产行使出资者所有权，是从事资产经营活动，并经登记注册的特殊企业法人。

"两个体系"是指国资的营运体系与监管体系。营运体系主要体现在国资授权经营公司的活动上，而监督体系是指由市国资委责成有关部门向国资授权经营公司派出监事会，对国资授权经营公司营运情

---
5 左学金，等. 上海经济改革与城市发展：实践与经验[M]. 上海：上海社会科学院出版社，2008：57.

况进行监控。

"三个层次"中，市国资办为第一层次，主要负责整个国资管理的宏观运作。第二层次是国资授权经营公司和大企业集团，包括：一是由原行业主管局改制而成的国有控股（集团）公司；二是原行政性公司经授权成立的国有控股公司；三是大型企业集团或综合商社经授权设立的国有控股公司；四是政府投资兴建的国资投资控股公司。第三层次为生产企业，从事产品经营，并以资产为纽带受制于国资授权经营公司。

行业协会和市场中介组织，是现代市场体系的重要组成部分。上海在历史上曾经是我国行业组织最为集中、最为活跃的地方。新中国成立前，上海共有工商业同业公会337个，几乎覆盖所有工商业领域。1956年后，随着对资本主义工商业社会主义改造的完成，经济所有制的转变，行业协会自行消亡。

1978年，上海包装技术协会成立，这是改革开放后上海成立的第一个行业协会。1984年城市经济体制改革以后，一大批行政性公司被撤销，同时组建了一大批行业协会，原行政性公司的部分职能和人员转移到行业协会。1992年之后，上海进入全面改革开放的新时期，上海行业协会发展进入新高潮（表2.3）。

这个时期上海要素市场发展起来。

表2.3 1990—2000年要素市场体系建设大事记

时间	要素市场体系建设重要事件	意义及影响
1990年12月	上海证券交易所开业	重新确立了上海在全国资本市场的地位，标志着中国证券市场迈出了从无到有的第一步
1992年1月	上海短期资金调剂中心更名为"上海融资中心"	全国最大的同业拆借中心
1992年2—11月	人民币特种股票—上海电真空B股在上交所上市。国内贸易部和上海市政府联合组建的上海金属交易所开始运转。发行股票认购证，后尝试储藏发行模式，实行网上"单一定价，竞价发售"的方法	上海第一家国家级期货市场。上海全国资本市场的中心地位初步确立，直接带动了银行、保险、信托等金融产业的发展
1992年11月	上海市人才服务中心正式成立	上海率先实现从人才流动到建立固定人才市场的跨越

续表 2.3

时间	要素市场体系建设重要事件	意义及影响
1992年12月—1993年12月	上海先后成立煤炭交易所、农业生产数据交易所、化工交易所、石油交易所、粮油商品交易所、汽车交易市场和建筑材料交易所7家国家级大型商品市场，各类初级批发市场、区域级批发市场203个，国家级或引进期货制的批发市场、交易所11个	上海开始全面建设现代市场体系，上海商品市场体系形成
1993年12月	上海技术交易所建成	全国第一家国家级常设技术市场，主要进行专利和技术的交易
1994年1月	上海城乡产权交易所正式成立	上海第一家规范运作并与全国产权联网的产交所
1994年4月	中国外汇交易中心在上海正式开业	上海成为中国市场汇率的生产地，外汇市场由地方分割走向全国统一
1994年10月	建筑材料、石油、农资和化工四家交易所合并，成立上海商品交易所	
1996年3月	在原上海城乡产权交易所基础上，成立新的上海产权交易所	发展成为上海全市法定的、统一的产权交易所
1996年	上海黄金交易市场建立	推出个人实盘交易业务，极大丰富了上海市场体系
1996年4月	上海外高桥保税区生产数据交易市场建立	全国最大的保税交易所市场
1996年11月	上海航运交易所正式开业	中国第一个集市场交易管理、市场价格调节、市场信心沟通等功能为一体的国家级水运交易市场，标志着上海向国际航运中心发展迈出了实质性的第一步
1996年11月	全国性资金拆借中心在上海正式挂牌运转	
1998年8月	上海金属、商品、粮油期货交易所3家合并，组建上海期货交易所	交易所投资规模、品种数量、成交量和成交额、辐射范围、参市人数等领先于全国，期货发现功能得到广泛认可，其中铜的"上海价格"，已成为中国国内铜市场的权威报价和全球三大铜定价中心之一
1999年12月	上海技术交易所改组为上海技术产权交易所	产权交易功能延伸至科技成果转化领域
2000年10月	上海钻石交易所成立开张	中国唯一的国家级钻石交易所和钻石进出口交易平台

资料来源：周振华，陶纪明．上海战略研究：历史传承 时代方位[M]．上海：格致出版社，2014：99-100．

3. 产业结构调整与引进外资

至 20 世纪 90 年代中期,上海基本上还是一个以工业经济为主的生产型城市,工业生产具有压倒性优势(表2.4)。

表 2.4 1978—1990 年上海市生产总值构成

年份	上海市生产总值构成	其中				
		第一产业	第二产业	其中		第三产业
				工业	建筑业	
1978	100%	4.0%	77.4%	76.1%	1.3%	18.5%
1979	100%	4.0%	77.2%	75.6%	1.6%	18.8%
1980	100%	3.2%	75.7%	74.0%	1.7%	21.1%
1981	100%	3.3%	75.2%	73.0%	2.2%	21.5%
1982	100%	3.9%	74.0%	71.4%	2.6%	22.1%
1983	100%	3.8%	72.6%	70.0%	2.6%	23.6%
1984	100%	4.4%	70.5%	67.4%	3.1%	25.1%
1985	100%	4.2%	69.8%	66.7%	3.1%	26.0%
1986	100%	4.0%	68.5%	65.0%	3.5%	27.5%
1987	100%	4.0%	66.8%	61.7%	5.1%	29.2%
1988	100%	4.2%	66.8%	61.6%	5.2%	29.0%
1989	100%	4.3%	66.9%	62.1%	4.8%	28.8%
1990	100%	4.4%	64.7%	60.1%	4.6%	30.9%

资料来源:孙福庆,徐炳胜,等. 从经济中心城市到全球城市[M]. 上海:上海社会科学院出版社,2018: 52.

1992 年,上海进行产业结构战略性调整,将产业结构从传统的"二、三、一"调整为"三、二、一"。在"三、二、一"产业发展方针指引下,上海第二产业的比重不断下降,第三产业的比重逐步上升。1999 年第三产业所占比重达到 49.59%,首次超过第二产业。2000 年,第三产业占国内生产总值的比重首次超过 50%(表 2.5)。在大力发展第三产业的同时,上海的工业结构也进行了调整。传统产业如纺织、仪表仪电被大力压缩,新的支柱产业和高新技术产业发展起来。

表 2.5 1991—2000 年上海市生产总值构成

年份	上海市生产总值构成	其中				
		第一产业	第二产业	其中		第三产业
				工业	建筑业	
1991	100%	3.8%	61.6%	57.6%	4.0%	34.6%
1992	100%	3.1%	60.8%	57.1%	3.7%	36.1%
1993	100%	2.5%	59.4%	55.7%	3.7%	38.1%
1994	100%	2.4%	57.7%	54.0%	3.7%	39.9%
1995	100%	2.4%	56.8%	52.3%	4.5%	40.8%
1996	100%	2.3%	54.0%	49.1%	4.9%	43.7%
1997	100%	2.1%	51.6%	46.5%	5.1%	46.3%
1998	100%	1.9%	49.3%	44.0%	5.3%	48.8%
1999	100%	1.8%	47.4%	42.7%	4.7%	49.59%
2000	100%	1.6%	46.3%	41.9%	4.4%	52.1%

资料来源：孙福庆，徐炳胜，等．从经济中心城市到全球城市[M]．上海：上海社会科学院出版社，2018：62-63．

随着中国的对外开放，上海外资经济逐步发展起来。

1990年年初，党中央和国务院决定把开发开放上海浦东作为全国重点，充分利用国际经济全球化的机遇，吸收国际先进的技术、经验、资金和其他资源，在一个更高起点上实现中国与全球经济进一步融合。20世纪90年代浦东开发开放，成为上海利用外资的转折点。在向中央上报的《关于开发浦东、开放浦东的请示》中，上海市委、市政府明确提出把浦东建设成为"具有世界一流水平的外向型、多功能、现代化新城区"。上海相继成立了陆家嘴金融贸易区、金桥出口加工区、外高桥保税区、张江高科技园区。1993年，上海在全国率先提出以吸引《财富》500强企业进入为目标的高起点外资战略；20世纪90年代中后期，又率先提出吸引跨国公司总部的战略设想。至1995年，上海已有三资企业13000多家，200多家跨国公司和154家外资银行及代表处入驻，五年累计外商直接投资的协议金额达到314亿美元，实际利用外资51亿美元。

从20世纪90年代浦东开发开放起，上海积极引进外资企业在重点产业领域布局。十年间，浦东引进了外商投资项目5 925个，总投资286.83亿美元，合同外资114.89亿美元[6]，分别是1990年以前的347倍和418倍（表2.6）。

表2.6 上海浦东外商投资项目历年批准项目数、投资总额、合同投资额

年份	项目数	总投资额（亿美元）	合同外资额（亿美元）
1990前	17	2.74	0.33
1990	28	0.50	0.15
1991	92	2.36	0.76
1992	567	28.00	3.53
1993	924	31.86	9.59
1994	1035	38.10	12.49
1995	838	38.87	13.65
1996	802	47.22	18.09
1997	615	45.85	18.00
1998	554	34.74	27.90
1999	470	19.33	10.73
合计	5942	289.57	115.22

资料来源：周振华，洪民荣.上海改革开放40年大事研究：卷六[M].上海：格致出版社，2018：113.

至2015年，上海外商投资运营企业约3.8万家，其全年工业总产值18 953亿元，占全市规模以上工业企业工业总产值的61%；其进出口总额2929亿美元，占全市进出口总额的64.9%。在上海工业、第三产业税收百强企业中，外商投资企业分别有66家和45家，实现税收1076亿元，占百强企业税收总额的32.4%[7]。

外资经济已成为上海经济发展的重要力量，促进了上海经济结构的调整，推动了支柱产业和高新技术产业的发展，扩大了外贸出口，加快了城市基础设施建设，以及国有企业改革和社会主义市场经济体制的建立，在保持上海国民经济持续稳定增长中发挥了重要作用。

---

6 周振华，洪民荣.上海改革开放40年大事研究：卷六[M].上海：格致出版社，2018：113.
7 周振华，洪民荣.上海改革开放40年大事研究：卷一[M].上海：格致出版社，2018.

4. 通过一系列重大基础设施建设，奠定了新上海的基本格局

城市基础设施建设离不开资金支持，而城市建设投融资体制是获取城建资金的关键。改革开放以来，上海进行投融资体制改革，走出了城建投融资主体多元化的新路，有力地支持了上海城市建设实现高速度、跨越式发展。1992年起，上海用于市政公用基础设施的投资平均每年递增23%，由1992年的43亿元增至2002年的300亿元。从20世纪90年代初到2001年，市政、公用基础设施建设共完成投资1833亿元，其中政府性资金投入为331亿元，仅占同期投资额的18%[8]（表2.7）。

表2.7 "八五""九五"期间上海基础建设重大项目

	时期	项目名称	总投资
第一轮十大基础设施建设	"八五"时期	杨浦大桥 南浦大桥 内环线 杨高路拓宽 外高桥电厂 凌桥水厂 煤气厂二期工程 合流污水工程 外高桥新港区 邮电通信工程	220亿元
第二轮十大基础设施建设	"九五"时期	浦东国际机场（空港）一期工程 浦东国际信息港 浦东深水港一期工程 地铁2号线一期工程 外环线 世纪大道 黄浦江越江观光隧道工程 东海天然气工程 外高桥电厂二期工程 给排水工程	600亿元

资料来源：周振华，陶纪明. 上海战略研究：历史传承 时代方位[M]. 上海：格致出版社，2014：95.

---

8 上海市委党史研究室. 上海城市建设发展[M]. 上海：上海人民出版社，2004：342.

5. 旧城改造大规模展开

1991年，上海市委、市政府提出："以开发新区为主，重点开发浦东，积极开展旧区改造，按照疏解的原则改造棚户、危房，动员居民迁到新区去；旧区土地主要用于发展第三产业，增加市政、公用、公共服务设施和绿化用地。通过提高级差地租，回收建房资金，改造旧区。"在1992年上海第六次党代会上，提出"要深化住房制度改革，加快住宅建设步伐，改善市民居住条件。力争90年代新建住宅超过6000万平方米，完成全市365万平方米棚户、简屋、危房的改造任务"，并提出"到本世纪末实现人均居住面积10平方米、住房成套率达70%"。上海由此拉开了大规模旧区改造的序幕。

大规模旧区改造首先面临的就是巨额资金问题。在推进过程中，通过减免土地出让金、有关税费以及财政补贴等政策，上海积极鼓励国内外开发商参与旧区改造。1991—2000年，全市十年间共拆除各类旧房屋2800万平方米，动迁居民约64万户。其中，拆除二级旧里房屋1720万平方米（约34万户）、简屋580万平方米（约16万户），动迁企业6000家左右，共消灭54万只马桶、38万只煤球炉。通过改造，市区人均居住面积从1991年的6.7平方米上升到2000年的11.8平方米，住宅成套率从"七五"期末的31.4%提高到"九五"期末的74%[9]（表2.8，表2.9）。

表2.8 上海土地批租情况

年份	范围	全市	市区	旧区	旧区占市区的百分比
1992	出让地块幅数	210	—	95	—
	出让地块面积（万平方米）	2010	—	92	—
1993	出让地块幅数	251	92	52	56.52%
	出让地块面积（万平方米）	4968	74	41	55.40%
1994	出让地块幅数	445	160	100	62.50%
	出让地块面积（万平方米）	1306	111	66	59.46%

---

9 周振华. 上海：城市嬗变及展望：中卷[M]. 上海：格致出版社，2010：145-146.

续表2.8

年份	范围	全市	市区	旧区	旧区占市区的百分比
1995	出让地块幅数	258	49	21	42.86%
	出让地块面积（万平方米）	640	48	—	—
1996	出让地块幅数	207	69	21	30.43%
	出让地块面积（万平方米）	379	70	—	—

资料来源：耿慧志．上海土地批租对旧城更新的影响[J]．北京规划建设，1998（03）：37．

表2.9 上海市拆迁数据表（统计范围为10个中心城区）

年份	动迁户数	拆迁面积（万平方米）
1995	75 777	322.77
1996	89 132	342.95
1997	79 857	479.67
1998	78 205	452.22
1999	75 185	342.50
2000	70 606	365.77
2001	73 728	515.65
2002	101 097	644.53
2003	80 858	584.93
2004	42 415	308.40
2005	75 857	1 222.53
2006	81 126	1 516.85
2007	49 000（约）	690（约）

资料来源：袁恩桢，孙海鸣．上海30年：改革开放与经济发展[M]．上海：上海财经大学出版社，2008：167．

"365"危棚简屋改造工程圆满完成，但上海的城市改造步伐没有停止。"十五"期间，上海一共改造了二级旧里以下房屋700余万平方米，受益居民28万户。"十一五"期间，上海以世博园区、轨道交通等重大市政基础设施拆迁为契机，改造了340万平方米旧住房，受益居民12.5万户。"十二五"期间，上海改造了二级旧里以下房屋350万平方米，受益居民约15万户。通过先后三个五年规划实施，2000—2015年，以二级旧里为主要对象的大规模改造开发，共改造二级旧里以下房屋约1363万平方米，近200万居民居住条件得到改善。而整个"十三五"

期间，上海将规划中心城区完成二级旧里以下房屋改造 240 万平方米，实施约 5000 万平方米的各类旧住房修缮改造[10]。

6. 回归移民城市

上海在历史上是个典型的移民城市。从 1843 年正式开埠至 20 世纪中叶，百年之间，上海发展速度令人瞠目，不仅远超周围那些历史悠久、经济和文化发达的大中城市，而且很快从一座小县城发展成为中国以至亚洲最大城市，其发展的基本动力便是移民[11]（表 2.10）。

表 2.10 1852—1949 年上海人口增长表

年份	人口数（万人）	比上期增长	平均增长率	
			时期	增长率
1852	54.4	—	—	—
1865	69.2	27.21%	1852—1865	1.87%
1876	70.5	29.60%	1865—1876	0.17%
1885	76.4	40.44%	1876—1885	0.90%
1890	82.5	51.65%	1885—1890	1.55%
1895	92.5	70.04%	1890—1895	2.31%
1900	108.7	99.82%	1895—1900	3.28%
1905	121.4	123.16%	1900—1905	2.23%
1910	128.9	136.95%	1905—1910	1.21%
1915	200.7	268.93%	1910—1915	9.26%
1920	225.5	314.52%	1915—1920	2.36%
1927	264.1	385.48%	1920—1927	2.28%
1930	314.5	19.08%	1927—1930	5.99%
1935	370.2	17.71%	1930—1935	3.81%
1942	392.0	5.89%	1935—1942	0.82%
1945	337.0	-14.03%	1942—1945	-4.91%
1946	383.0	13.65%	1945—1946	13.65%
1947	449.4	17.34%	1946—1947	17.34%
1948	540.7	20.32%	1947—1948	20.32%
1949	545.5	0.89%	1948—1949	3.55%

资料来源：忻平. 从上海发现历史：现代化进程中的上海人及其社会生活[M]. 上海：上海大学出版社，2009：28.

---

10 中共上海市委改革办，东方潮：上海改革开放标志性首创案例选（1978—2018）[M]. 上海：上海人民出版社，2018：202.

11 葛剑雄. 梦想与现实[M]. 上海：上海远东出版社，2006：164.

中华人民共和国成立之初，国家实行自由的迁移政策，并不限制人口的自由流动。1951—1954年，上海市迁入238万人，迁出147.1万人，净迁入90.9万人，年均迁移增长率高达40.5%。从1955年起，上海政府开始严格限制迁入，积极鼓励迁出，此后有组织、大规模、持续不断的人口集体外迁成为上海人口迁移的主要特征。由于迁出（1949—1982年的33年间，全市累计净迁出74.54万人）远大于迁入，以至于上海作为移民城市的特点和优势消失殆尽[12]。

改革开放之后，尤其是在邓小平南方视察、浦东开发开放及上海日益成为中国经济发展的龙头之后，上海人口流动和人口迁移加剧，上海作为"移民城市"的特点表现得越来越明显，再次回归移民城市（图2.1）。

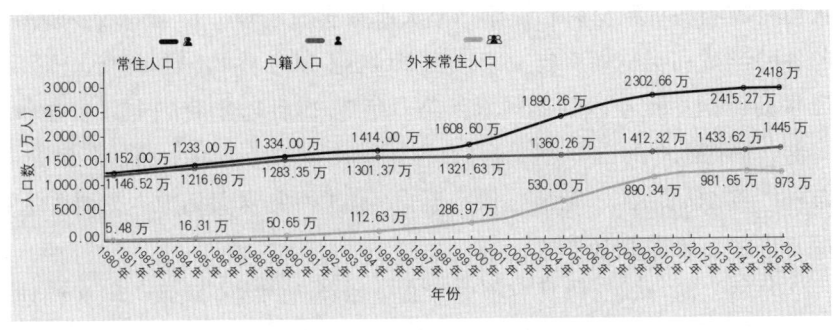

图2.1 1980—2017年上海人口变化情况

资料来源：上海市规划和国土资源管理局. 上海2035：迈向卓越的全球城市[M]. 上海：上海科学技术出版社，2018.

浦东的龙头作用

20世纪90年代，党中央、国务院作出了开发开放浦东的重大战略性决策，党中央、国务院在《关于开发和开放浦东问题的批复》中指出，开发和开放浦东是一件关系全局的大事，是中国深化改革、进一步实

---

12 葛剑雄. 上海还需要移民吗[J]. 探索与争鸣，1997（4）：31.

行对外开放的重大部署。上海有良好的政治经济基础，有一批素质较高的科技管理人才，有一支强大的产业工人队伍，有优越的地理环境和便利的交通运输条件，又同海外各地有着广泛的联系。充分利用这些优势，有计划、有步骤、积极稳妥地开发和开放浦东，必将对上海和全国的政治稳定与经济发展产生极其重要的影响。而开发和开放浦东的成功，一定能为中国沿海地区和全国的经济发展作出新的贡献。

在罗兹·墨菲看来，上海成为大城市，"主要是因为它位于世界上幅员可以比得上无论什么地方、土地最肥沃、人口最众多的地区的顶点，即长江流域下游地区的顶点"[13]。上海与长三角地区城乡地域相邻，人文相近，在历史上有千丝万缕的联系。上海工业生产和居民日用所需的各种原材料和农副产品大都来自长三角，长三角城乡所需的各种洋货和国货则来自上海。据20世纪30年代的一个调查，浙江吴兴县包括土丝在内的绸、米、菜、鱼等25种输出商品中，主要和大部分输往上海的占14种；而吴兴县所需输入的包括米、糖、南北货、布匹、棉织品、洋广杂货、铁、五金等30种主要商品中，主要和大部分来自上海的占16种[14]。

虽然上海与长三角具有历史、文化和经济的内在联系，但在计划经济时期，并不存在联动效应。改革开放之后，在市场机制驱动和经济利益的作用下，跨地区合作交流初显端倪。从20世纪80年代开始，上海一些企业的工程技术人员利用周末时间，为江浙等地乡镇企业提供技术咨询服务，被称为"星期六工程师"。一些企业从最初在江浙地区兴办各种形式的联营企业，逐步发展到在产品生产、市场销售、技术开发、服务咨询等方面开展跨地区的联营合作。

1983年，国务院上海经济区规划办公室正式成立，其主要职能是通过区域规划和相应的协调，解决地区间、部门间的矛盾，促进地区和企业的经济联合。最初经济区由上海和长江三角洲的苏州、无锡、

---

13 周武. 上海学：第一辑[M]. 上海：上海人民出版社，2015：2.
14 周武. 上海学：第一辑[M]. 上海：上海人民出版社，2015：8.

常州、南通及杭州、嘉兴、湖州、宁波等城市组成，到1986年，扩大到上海市和江苏、浙江、安徽、江西、福建等五省一市的地域范围。主要工作包括编制到20世纪末的《上海经济区发展纲要》，长江口黄浦江与太湖的开发整治规划；促成化工、纺织、交通、电子等各行业在经济区内的互通信息与协调发展；推动经济联合，建立一批以大中城市骨干企业为核心，跨部门、跨地区的产业集团；推动资金融通，建立资金市场；促进各类商品交易会、订货会的展开，推动经济区内外的商品交流；推动交通建设，发展运输网络，以及规划电讯事业的发展等[15]。

作为一个规划和协调机构，上海经济区规划办公室行政调控力不足，权威性不够，难以突破传统计划经济管理体制的制约，难以超越行政区域的藩篱，面对地方利益诉求力不从心，只能在1988年6月草草收场。但上海经济区"市长联席会议制度"，至2004年演变成为长三角16城市市长参加的"长江三角洲城市经济协调会"，发挥了重要作用。

1990年，党中央、国务院宣布浦东开发开放重大战略决策后，上海在长江三角洲乃至整个长江流域的中心城市地位重新得到确认。1992年，中央组织召开长三角及长江沿岸地区经济规划座谈会，促进了长三角地区与上海的主动接轨和合作联动。上海也主动依托并融入长三角地区，由此推动了上海与长三角地区一体化发展的新进程。长三角跨区域合作机制也逐步建立。1997年，由上海、无锡、宁波、舟山、苏州、扬州、杭州、绍兴、南京、南通、常州、湖州、嘉兴、镇江、泰州15个城市组成经济协调组织——长江三角洲城市经济协调会（后又增加了台州市），其主要任务是推进长三角城市间合作项目实施，协调解决城市间的实际问题。

上海开埠前，就已经是东南沿海著名的商贸港口，当时主要经营沿海各地转口贸易以及长江和内河贸易。开埠后，内外贸易的发展，

---

15 张仲礼. 上海和上海经济区在中国经济现代化中的地位和作用[J]. 社会科学, 1988(1): 21.

极大地提高了上海对长江中下游地区的吸引力和辐射力,上海与沿江城市之间的经济联系和互动日益密切。在近代中国,上海同长江沿线主要都市贸易量,几乎超过这些城市贸易总量的70%。1985年2月,国家体改委在武汉召开城市经济体制改革座谈会,其间召集宁、汉、渝三市就"发挥中心城市作用,联合起来综合开发利用长江黄金水道"问题进行讨论,并签署《宁汉渝三市关于联合开发利用长江座谈会纪要》。同年年底,沪宁汉渝4市领导及有关部门负责人聚会重庆,成立长江区域合作机制——长江沿岸中心城市经济协调会。经过多年努力,协调会成员扩大到沿江29个城市,已召开17次联席会议[16](表2.11)。

表2.11 上海召开长江沿岸中心城市经济协调会主要内容

届次	会议时间	会议地点	主要内容
第四届	1988年11月	上海	会议提出"抓区域、促流域、抓专题、促联合"的工作方针。在国家有关部门和沿江城市共同努力下,初步使各专题形成网络化格局
第八届	1996年3月	上海	会议举行了"迈向21世纪的长江"研讨会,举办了"腾飞的长江"沿江城市风貌展示。会议提出积极建设长江三角洲及沿江地区经济带投资与协作信息网络,积极推进长江商贸走廊建设
第十二届	2004年11月	上海	会议主题为"发挥长江黄金水道作用,推进长江流域经济联动发展"。会议决定,共同开展推进长江"黄金水道"建设的专题研究,积极探索加强高层次协商机制,进一步推进沿江4个区域的合作
第十五届	2012年12月	上海	通过《上海宣言》,并商定今后两年长江协调会着重在园区共建、口岸合作、知识产权合作、文化合作、生态保护、流域合作机制建设等6个方面推进相关工作

资料来源:周振华,洪民荣.上海改革开放40年大事研究:卷十一[M].上海:格致出版社,2018:89.

1992年10月,党的十四大提出:"以上海浦东开发开放为龙头,进一步开放长江沿岸城市,尽快把上海建成国际经济、金融、贸易中心之一,带动长江三角洲和整个长江流域地区经济的新飞跃。"根据中央对上海发展战略的定位,上海提出了"优势互补、互惠互利、联合发展、共同繁荣"的指导方针,把上海产业结构调整与在沿江进行

---

16 周振华,洪民荣.上海改革开放40年大事研究:卷十一[M].上海:格致出版社,2018:89.

产业战略布局结合起来，鼓励和支持上海本地企业发挥资金、人才、管理、信息优势，在长江流域进行跨地区投资，建立了一大批合资合作企业、商业网点。

进入 21 世纪后，上海与长江流域的合作进入新阶段。2004 年，中央领导作出"高度重视水运，充分发挥长江黄金水道作用"的重要指示后，建立了部、省市协调机制。在国际航运中心建设中，上海按照"继续推进上海国际航运中心建设，加快建设具有区域性枢纽作用的港口"的要求，以构建"长江物流和沿海以及国际物流交汇中转枢纽，长江国际集装箱物流枢纽，长江物流信息中心和长江物流高端服务中心"为基本定位，带动长江沿岸港口基础设施建设，形成覆盖长江流域广阔腹地的港口布局体系，实现上海国际航运中心与长江黄金水道建设的联动发展。

2014 年 9 月，国务院在部署长江经济带发展战略时，明确提出要"建成畅通的黄金水道，形成以上海国际航运中心为龙头、长江干线为骨干、干支流网络衔接、集疏运体系完善的长江黄金水道"，标志着发展长江经济带正式上升为国家战略。长江经济带发展战略的实施，为上海带来新的机遇，也带来挑战。

第 3 章　跨世纪战略：
四个中心与现代化国际大都市

战略大讨论与城市定位的升级

1990 年年初，党中央、国务院决定把开发开放上海浦东作为全国重点，充分利用国际经济全球化的机遇，吸收国际先进的技术、经验、资金和其他资源，在一个更高的起点上实现中国与全球经济进一步融合（表 3.1）。

表 3.1 上海七大国家级开发区

成立时间	名称	功能定位与主导产业	规划面积（km²）	所在区域
20 世纪80 年代	虹桥经济技术开发区	面积最小的国家级开发区；全国唯一以商贸中心为特征，兼具旅游居住和外事活动功能的国家级开发区	0.652	徐汇区、闵行区
	漕河泾新兴技术开发区	主导微电子、光电子、计算机机器软件和新材料等四大产业，研究开发、网络运行、金融数据、技术创新四大中心信息产业；拥有我国目前最大的生物工程中试基地——中国科学院上海生物工程研究中心及工业微生物研究所等科研院所；区内航天航空工业骨干研究与生产单位承担了中国首次载人航天飞行"神舟五号"飞船推进系统、电源系统、测控信息系统等重要系统的研制工作	5.984	闵行区
	闵行经济技术开发区	三大主导产业：以轨道交通、电站设备为代表的机电行业；以血制品、常用药物为代表的医药、医疗产业；以食品、饮料为代表的轻工产业	3.5	浦东新区
20 世纪90 年代	陆家嘴金融贸易区	全国唯一以金融、保险、证券及商贸为主要产业的国家级开发区	28	浦东新区
	外高桥保税区	以国际商贸、现代物流、先进制造业等三大功能为主的口岸产业	10	浦东新区
	金桥出口加工区	电子信息、光机电、精密机械、精细化工、高科技、高附加值、高出口创汇产业	18	浦东新区
	张江高科技园区	构筑了三大国家级基地（国家上海生物医药科技产业基地、国家信息技术产业基地、国家科技创业基地）的框架，形成了生物医药、集成电路、软件三大主导产业	25	浦东新区

资料来源：周振华，陶纪明. 上海战略研究：历史传承 时代方位 [M]. 上海：格致出版社，2014：102.

1992年4月，时任国务院总理李鹏在《政府工作报告》中指出："通过上海浦东的开发开放带动长江三角洲地区乃至整个长江流域经济的发展，逐步使上海发展成为远东地区经济、金融、贸易中心之一。"1992年10月，党的十四大报告指出："以上海浦东开发开放为龙头，进一步开放长江沿岸城市，尽快把上海建成国际经济、金融、贸易中心之一，带动长江三角洲和整个长江流域地区经济的新飞跃。"

从1993年下半年开始，在上海市委、市政府的领导下，上海组织数百位专家学者和实际工作部门的业务骨干，开展了上海迈向21世纪经济、社会发展战略的研究。参与发展战略研究的不仅有上海专家、学者和实际部门工作的人员，还有国务院有关部委办领导和国内著名学者；不仅有国内各方面的研究力量，还有国外著名咨询研究机构、专家学者和企业家；不仅有经济方面的专家学者，还有历史、地理、人文、环境、自然科学方面的专家。在为期一年的发展战略的研究过程中，先后召开过50多次规模大小、层次高低不同的研讨会，特别是1994年先后两次召开国内和国际"迈向21世纪的上海"发展战略大型研讨会。另外组织多个考察团赴国外考察，深度研究了纽约、伦敦、东京等国际经济中心城市，最后形成了包括1份《迈向21世纪的上海》经济社会发展战略总报告、40份分报告和专题报告在内的数百万字的研究成果[1]。

在《迈向21世纪的上海——1996—2010年上海经济、社会发展战略》研究报告中，提出"到2010年，上海基本建成国际经济、金融、贸易中心，初步确立国际经济中心城市的地位。此后，再用10年或更长一段时间，建成国际经济、金融、贸易中心，并跻身世界级的国际经济中心城市行列"的发展目标。1996年通过的《上海市国民经济和社会发展九五计划与2010年远景目标纲要》，全面吸收了《迈向21世纪的上海》的研究成果，提出新的城市奋斗目标是到2010年，为把上海建成国际经济、金融、贸易中心奠定基础，初步确立上海国

---

1 周振华，洪民荣. 上海改革开放40年大事研究：卷二［M］. 上海：格致出版社，2018：110.

际经济中心城市的地位。

1995年,党中央、国务院作出建设上海国际航运中心的重大决策。1996年,党中央再次提出"要建设以上海为中心,以江浙为两翼的上海国际航运中心"。

2001年2月《上海市国民经济和社会发展第十个五年计划纲要》颁布,《纲要》中指出,21世纪初,是上海加快建设国际经济、金融、贸易、航运中心的新时期,也是确立社会主义现代化国际大都市地位,全面提高城市综合竞争力的新阶段。同年5月,国务院正式批复并原则同意《上海市城市总体规划》,明确指出上海市是中国直辖市之一,全国重要的经济中心。上海市的城市建设与发展要遵循经济、社会、人口、资源和环境相协调的可持续发展战略,以技术创新为动力,全面推进产业结构优化、升级,重点发展以金融保险业为代表的服务业和以信息产业为代表的高新技术产业,不断增强城市功能,把上海市建设成为经济繁荣、社会文明、环境优美的国际大都市,国际经济、金融、贸易、航运中心。由此确立了四个中心和现代化国际大都市的定位(表3.2)。

表3.2 20世纪80年代以来上海城市定位表述的变迁

次序	时间	定位	来源文件
首次在国际层面设定上海城市定位	1986年10月	太平洋西岸最大的经济贸易中心之一	国务院关于《上海城市总体规划方案》的批复意见
第1次修订,时隔5年	1991年	社会主义现代化国际城市	《上海市国民经济和社会发展十年规划和第八个五年计划纲要》
第2次修订,时隔2年	1993年4月	远东地区经济、金融、贸易中心之一	国务院1993年度《政府工作报告》
第3次修订,时隔1年	1992年5月	远东地区经济、金融、贸易中心之一和现代化国际城市	《浦东新区国民经济和社会发展十年规划和"八五"计划纲要》
第4次修订,时隔5月	1992年10月	国际经济、金融、贸易中心之一	"中共十四大报告"
第5次修订,时隔4年	1996年	国际经济、金融、贸易中心之一和国际经济中心城市	《上海国民经济和社会发展"九五"计划与2010年远景目标纲要》

续表 3.2

次序	时间	定位	来源文件
第6次修订，时隔5年	2001年	国际经济、金融、贸易、航运中心之一和社会主义现代化国际大都市	《上海市国民经济和社会发展第十个五年计划纲要》

资料来源：屠启宇.谋划中国的世界城市：面向21世纪中叶的上海发展战略研究[M].上海：上海三联书店，2008年：63-64.

2011年《上海市国民经济和社会发展第十二个五年规划纲要》对四个中心功能建设提出了更高的目标，即"与中国经济实力和国际地位相适应，具有全球资源配置能力的国际经济、金融、贸易、航运中心"（表3.3）。

表 3.3 上海"四个中心"的发展目标

四个中心	2020 发展目标
国际经济中心	实现综合竞争力和产业竞争力持续提升，经济中心城市国际地位不断提高，金融航运贸易功能有机结合；创新经济成为经济增长主要驱动力
国际贸易中心	基本建成具有国际国内两个市场资源配置功能，现代服务业发达，万商云集，服务长三角地区、服务长江流域、服务全国，与我国经济贸易地位相匹配的国际贸易中心
国际航运中心	基本建成航运资源高度聚集、航运服务功能健全、航运市场环境优良、现代物流服务高效，具有全球航运资源配置能力的国际航运中心
国际金融中心	基本建成与我国经济实力以及人民币国际地位相适应的国际金融中心

资料来源：周振华，洪民荣.上海改革开放40年大事研究：卷四[M].上海：格致出版社，2018：168.

中国加入世界贸易组织

2001年，随着中国正式加入世界贸易组织（WTO），中国对外开放进入了一个新阶段。中国入世对上海的经济增长、经济结构、国外直接投资、就业、进出口贸易均产生了明显影响（表3.4）。

表 3.4 改革开放以来上海对外贸易

年份	外贸进出口商品总额（亿美元）	外贸进口商品总额（亿美元）	外贸出口商品贸易总额（亿美元）	外贸进出口差额（亿美元）	外贸进出口相当于生产总值的比例	外贸出口相当于生产总值的比例
1978	30.26	1.33	28.93	27.60	19.1%	18.2%
1980	45.06	2.40	42.66	40.26	21.5%	20.4%
1985	51.74	18.13	33.61	15.48	35.5%	23.0%
1990	74.31	21.10	53.21	32.11	47.0%	33.6%
1995	190.25	74.48	115.77	41.29	63.6%	38.7%
1996	222.63	90.25	132.38	42.13	62.6%	37.2%
1997	247.64	100.40	147.24	46.84	59.7%	35.5%
1998	313.44	153.88	159.56	5.68	68.3%	34.8%
1999	386.04	198.19	187.85	-10.34	76.3%	37.1%
2000	547.10	293.56	253.54	-40.02	94.9%	44.0%
2001	608.98	332.70	276.28	-56.42	96.7%	43.9%
2002	726.64	406.09	320.55	-85.54	104.8%	46.2%
2003	1123.97	639.15	484.82	-154.33	139.0%	59.9%
2004	1600.26	865.06	735.20	-129.86	164.1%	75.4%
2005	1863.65	956.23	907.42	-48.81	166.6%	81.1%
2006	2274.89	1139.16	1135.73	-3.43	174.9%	87.3%

资料来源：袁恩桢，孙海鸣．上海 30 年：改革开放与经济发展[M]．上海：上海财经大学出版社，2008：273-274．

进入 21 世纪后，中国加入 WTO 成为推动上海吸引外资最重要的因素之一。上海颁布了《上海市外商投资产业导向》《关于外资并购本市国有企业若干意见的实施细则》等 7 个配套政策文件。2002 年 7 月，上海市政府发布了《上海市鼓励外国跨国公司设立地区总部的暂行规定》，在全国率先开展吸引跨国公司地区总部的试点工作。阿尔卡特拿到 001 号证书，成为首家获得上海市政府认定的把亚太地区总部设立在上海的跨国公司。2008 年 7 月，出台了《上海市鼓励跨国公司设立地区总部的规定》。2010 年 11 月，上海更进一步提出要"加快集聚外企地区总部和研发中心、运营中心、结算中心等功能性机构，大力发展总部经济，支持跨国公司在上海业务整合"。跨国公司总部机构、外商投资性公司和外资研发中心进入上海的速度明显加快。截至 2015 年 8 月，在沪的跨国公司地区总部达 522 家，外商投资性公司

306家，外资研发中心390家，其中有30多家是全球研发中心，15家是亚太区研发中心（表3.5）。

表3.5 2002—2012年上海跨国公司总部机构数

年份	跨国公司地区总部	外商投资性公司	外资研发中心	跨国公司总部机构数量
2002	25	—	—	—
2003	56	—	—	—
2004	86	105	140	331
2005	124	130	170	424
2006	154	150	196	500
2007	184	165	244	593
2008	224	178	274	676
2009	257	190	304	751
2010	305	213	319	837
2011	353	240	334	927
2012	403	265	351	1019

资料来源：周振华，洪民荣.上海改革开放40年大事研究.卷六[M].上海：格致出版社，2018：185.

世贸组织规则主要是对成员方政府的制约，包括中央和省级政府的管理方式和行为都要遵循多边贸易的基本规则。这就要求转变政府职能，缩减审批事项，简政放权，公开办事程序。

其实，改革开放以来，为逐步建立与社会主义市场经济体制相适应的行政管理体制，上海以建设"服务政府、责任政府、法治政府"为目标，以机构调整、职能转变和行政审批改革为主线，进行了一系列行政体制改革。

1983年政企分开，扩大经济管理实体权限。减少机构领导层次、精简市级行政机构编制，调整干部结构。实现干部革命化、年轻化、知识化、专业化。

1988年，从机构改革向政府职能转变延伸。对政府部门行政权限和职能结构进行调整，经济管理由直接向间接转变，完善市、区、县城建管理体制，探索小政府、大社会管理模式。

1995年，从适应社会主义市场经济出发，转变政府职能、精简机构、理顺关系。组建国资委和国资办，成立上海社会保障委员会、社会保险管理局和市医疗保险局。

2000年，以城市管理体制改革为主线，对城市管理机构和执法监管机构进行了调整，并在文化、知识产权、信息化等部门组建新机构，加强了政府社会公共事务管理职能。特别是对政府机构和人员进行了大规模精简，市政府部门由原来的67个精简为43个，人员精简了50%。

2003年，深化政府职能转变，发挥政府经济调节、市场监管、社会管理和公共服务职能。组建上海市国有资产监督管理委员会、市发展和改革委员会，成立市食品药品监督管理局。

2008年，探索实行大部门制，加强完善重要行业管理体制，组建上海市经济和信息化委员会；加强、整合社会管理和公共服务部门，组建上海市住房保障和房屋管理局；优化和完善城市建设、交通和管理体制，组建上海市城乡建设和交通委员会、市交通运输和港口管理局；组建上海市人力资源和社会保障局。

2013年从理顺职责关系、优化政府组织结构、完善行政运行机制出发，对食品药品、交通运输、城乡建设部门作了进一步调整。

经过七轮改革，上海市政府机构由1978年的78个调整为2013年的44个，机构数量精简将近一半，大大提高了工作效率和效能[2]。

党的十八大以来，上海按照"两高、两少、两尊重"即"高透明度、高效服务、少审批、少收费、尊重市场规律、尊重群众创造"的要求，深入推进简政放权、放管结合，优化服务改革，加快政府职能转变，提高政府治理现代化水平[3]。

2000年，上海全面开展行政审批制度改革。此后，上海分别于2001年和2002年公布第一批、第二批取消和不再审批事项共606项，调整审批方式的事项136项。2004年，《行政许可法》正式实施，以此为契机，上海在全国率先开展区县、街镇行政审批清理，推行行政

---

2 周振华，洪民荣. 上海改革开放40年大事研究系列：卷三[M]. 上海：格致出版社，2018：18.
3 陈奇星. 改革开放40年上海行政体制改革的回顾与展望[M]. 上海：上海人民出版社，2018：12.

审批标准化管理，实施行政审批评估评审改革，同时加强行政审批事后监管，创新监管方式。2003—2014年，滚动发布六批取消和调整的行政审批事项。至2014年5月，上海累计取消调整2994项审批事项，其中取消1174项、调整1820项[4]。

2018年，上海市政府提出，"各区设立的审批事项要全部取消，市里设立的审批事项大部分也要取消，暂时不能取消的要改为备案或告知承诺"。

推进政府信息公开，是增强决策透明度的突破口。自2002年2月起，市政府积极探索推进政府信息公开的有关工作。2004年，上海在全国省级政府中率先制定出台《上海市政府信息公开规定》，并于同年5月起施行。《规定》明确政府信息以"公开为原则，不公开为例外"，使其成为行政机关的一项法定义务。经济社会发展规划、城市规划、市政府规章和规范性文件，与群众密切相关的重大事项如社会保障、就业、教育、土地征用和房屋拆迁等，依法向社会公开。尤其是教育、卫生、人事等一些公权力大、公益性强、公众关注程度高的政府部门必须向社会公开信息。"中国上海"门户网站开辟了政府信息公开专栏。随着新媒体的发展，2011年，上海开通了"上海发布"政务微博。2013年增设"上海发布"微信发布平台，为政务信息公开、政府与市民沟通提供平台与管道。

目前，上海已经初步形成政府网站、新媒体发布、新闻发布会、政府公报、国家档案馆、公共图书馆、政府热线、政府信息公开查阅点、社区信息苑和农村基层信息服务站等覆盖城乡、形式多样的公开渠道[5]。

通过历次改革，政府机构得到精简和优化，政府职能得到转变，政府治理更加透明高效，实现了建设"服务政府、责任政府、法治政府"的基本目标。

进入21世纪后，随着改革开放深化和政府职能转变，尤其是中

---

4 周振华，洪民荣. 上海改革开放40年大事研究：卷三［M］. 上海：格致出版社，2018：22.
5 周振华，洪民荣. 上海改革开放40年大事研究：卷三［M］. 上海：格致出版社，2018：33.

国加入WTO，行业协会发展受到政府部门高度重视。2001年，上海市政府开始组织有关部门对行业协会发展改革情况进行调查研究。本着"政会分开、自主办会、有效监管"以及"发挥社团、行业组织和社会中介组织提供服务、反映诉求、规范行为的作用，形成社会管理和社会服务的合力"的要求，加大对行业协会的改革力度。积极推进行业协会、商会与行政机关脱钩，努力发挥行业协会在规范市场秩序中的作用。2002年，成立行业协会发展署，出台了我国第一部促进行业协会发展的地方性法规。

除了行业协会外，其他中介组织如注册会计师事务所、审计师事务所、资产评估事务所、法律事务所、咨询服务公司、信息中心也在市场经济中从无到有逐步发展起来，承担起原由政府部门代行的各种社会职能。

世博会与上海

世博会诞生于1851年，是汇集最先进的经济、科技、文化、艺术于一体的全球性的博览会。举办世博会无论是对一个国家还是对一座城市的发展都具有重要意义。1910年，一名叫陆士谔的上海人创作了幻想小说《新中国》，描绘了100年后在上海浦东举办万国博览会的情景。但将这一幻想变成现实的，是改革开放后的上海。

改革开放之初，当时的上海市市长汪道涵提出了两大战略设想：一个是开发浦东，另外一个就是上海要申办世博会。希望通过举办世博会把浦东新区搞起来，再通过浦东新区把整个上海逐步建成国际大都市[6]。从1983年起的4年时间里，他3次访问日本，查看了日本大阪、筑波、冲绳三届世博会旧址，详细了解世博会的申办、举办过程及举

---

6 赵刚印．改革开放成就上海［M］．上海：上海人民出版社，2018：228．

办世博会的后续效应。他认为,举办世博会能给上海发展带来两个方面的持久动力,一个是科技,一个是金融。上海仅仅依靠浦东开发是不够的,世博会科技含量高、举办规模大、持续时间长、参观人数多,可以通过举办世博会增强上海在国际金融、贸易、航运以及国际大都市领域的地位。对于举办世博会的重要意义,他还作过一个精辟对比:广交会是战术性的,管一年;世博会是战略性的,管50年[7]!之后上海在1985年、1988年、1993年分别对上海举办世博会进行了论证。1999年,中国决定正式申办2010年世博会,上海为承办城市。2001年,中国获得2010年世博会举办权。

世博会的举办,对上海产生了持续而深刻的影响。

1. 一个新的发展理念

一个新的发展理念集中体现在上海世博会主题"城市,让生活更美好"之中。众所周知,"城市,让生活更美好"这一世博会主题孕育的核心思想是:什么样的城市让生活更美好?什么样的生活观念和实践让城市更美好?什么样的城市发展模式让地球家园更美好?这一主题将"城市"与"生活"并列,将"城市发展"的落脚点放在"更美好的生活"之上,体现的不仅仅是人类追求未来更加美好的生活这一共同愿望,从更深层次上来看是针对目前全球,尤其是对于诸多处于大规模城市化阶段的发展中国家面临的普遍的城市化困境而提出的一种政治方略。其一,以人为本,以生活为中心的城市发展模式。诚如联合国人居组织1996年发布的《伊斯坦布尔宣言》所言:"我们的城市必须成为人类能够过上有尊严的、身体健康、安全、幸福和充满希望的美满生活的地方",这是城市发展的终极目标,更是上海世博会主题关注和努力的重点。其二,低碳、节能、环保的生活方式。在消费取代生产成为社会的中心之后,生活方式的选择对可持续发展显得至关重要。上海世博会从理念层面倡导"低碳、节能、环保"的城市生活方式,引导人们走可持续发

---

[7] 赵刚印. 改革开放成就上海[M]. 上海:上海人民出版社,2018:228.

展的道路。其三，实现"城市，让生活更美好"的行动方案。通过寻求城市多元文化的融合方式、城市经济的合理发展模式、科技创新对于城市发展以及城市问题解决的推进、城市社区的重塑和城乡关系的协调，勾勒了"城市，如何让生活更美好"的发展蓝图和实践途径。

2. 一个新的城市中心

一个新的城市中心寓指随着2010年上海世博会的举办和后世博效应的持续延展，上海的城市中心可能再度发生转移，并促成上海都市文化的嬗变，进而不断丰富"上海"的内涵。

倘若梳理一下近现代上海的城市发展历程，可以比较明显地发现几个关键的时空节点，它们在很大程度上可以被认为是上海不同时段城市中心的代表：开埠之前（即上海县城）——豫园、城隍庙地段；开埠后（租界发展）——外滩地段；国民党上海特别市时期——江湾五角场（"大上海计划"中的新上海市市中心）；新中国成立至20世纪90年代——人民广场；改革开放、浦东开发——外滩、陆家嘴中心商务区[8]。可以说这些曾经或当下的城市中心，基本勾画出了近现代上海城市格局的变迁过程和城市中心的转移轨迹。而从更深层次上来看，这种变迁和转移所隐含的则是多种不同文化的竞争和角力过程。

上海世博会场规划场地，位于黄浦江沿岸，卢浦大桥与南浦大桥之间的滨水区，地处上海城市中心，规划控制范围为5.4平方公里。世博会的主要展览场地、世博村和停车场设在浦东，用地面积为3.4平方公里。黄浦江西岸的2平方公里主要作为文化娱乐设施用地。上海市总体规划将这一地区确定为在世博会结束后向市民提供高质量的公共文化活动设施和活动空间的场所，从而催生一个以曾经的世博园区为基点的新城市中心，并在促进上海都市文化建设和转型、重塑上海文化性格和形象上发挥重要的作用。

---

8 张晓春. 文化适应与中心转移——近现代上海空间变迁的都市人类学研究[M]. 南京：东南大学出版社，2006：前言.

3. 一个国际化的历史机遇

世博会自其诞生以来，之所以具有如此之大的持续吸引力，显然不仅仅在于它给人们带来的视觉盛宴，更在于它所传达的价值和理念促使人类对自身、对世界、对未来展开持续不断的思考和深层意义上的反思，以及举办世博会对于塑造和传播国家（城市）形象，推动其扩大国际交流与合作的巨大作用。举办过5次世博会的日本正是借这个平台重新融入了世界，法国巴黎同样是通过多次世博会的举办，成为世界文化传播的中心和时尚之都。

上海世博会吸引了189个国家、57个国际组织参展，其中还包括22个尚未与中国建交的国家；参加上海世博会的副总统以上政要达102批；有数十位外国国家元首、政府首脑以及重要贵宾出席了开幕式；参与本届世博会报道的中外媒体记者达1.4万人，其中境外媒体人员超过3400人；184天的展期吸引了海内外超过7000万人次前来参观。前所未有的参展规模和国内外政要、媒体有形和无形的宣传都有力地提升了上海的国际知名度和美誉度，同时为上海学习国际先进经验、熟悉国际惯例、加快与国际接轨的步伐，提供了极其宝贵的机会。

城乡（郊）一体化

早在1984年上海就提出"城乡开通"，1986年正式提出"城乡一体化"方针，2000年提出"中心城区体现繁荣繁华，郊区体现实力水平"的发展方针。上海城市建设重心转向郊区。

1. 行政区划调整：县改区

1988年，上海决定撤销上海市宝山县和吴淞区，设立宝山区，拉开了上海市区县行政区划调整的帷幕，开创了我国撤县设区的先河。在整个20世纪90年代，上海加快了撤县建区的步伐。2016年，随着崇明撤县建区，上海郊区所有郊县已经全部转变为区级建制（表3.6）。

表 3.6 改革开放以来上海区县行政区划调整简表

调整时间	调整区域
1988 年 6 月	撤销原宝山县和吴淞区,设立宝山区
1992 年 9 月	撤销原上海县和闵行区,设立新的闵行区
1992 年 10 月	设立浦东新区,原杨浦、南浦、南市三区的浦东部分,原川沙县全部,原上海县三林地区并入
1992 年 10 月	嘉定撤县设区
1997 年 4 月	金山撤县建区
1998 年 2 月	松江撤县建区
1999 年 9 月	青浦撤县建区
2001 年 1 月	南汇撤县建区
2001 年 1 月	奉贤撤县设区
2005 年 5 月	原宝山区长兴乡、横沙乡划入崇明县管辖
2009 年 5 月	撤销原南汇区,并入浦东新区
2011 年 6 月	撤销原卢湾区和黄浦区,成立新的黄浦区
2015 年 11 月	撤销原闸北区,并入静安区
2016 年 7 月	崇明撤县设区

资料来源:薛艳杰,等.都市现代乡村建设[M].上海:上海人民出版社,2019.

经历区县建制调整、乡镇合并、撤乡建镇,以及镇村合并、村村合并等,2016 年,上海郊区共包括 9 个区、101 个镇、2 个乡、1582 个村委会。

撤县建区,有利于统一制定城乡规划和建设。如郊区道路建设,以前大都依靠各县自筹资金解决,现在则纳入全市大市政一起考虑。郊区也能够享用原市区的一些政策。

2．城乡规划

1986 年,国务院批准的《上海市城市总体规划》,明确了中心城—卫星城—郊县小城镇—农村集镇 4 个层次构成的城镇体系,计划建设 1 个中心城、11 个新城、22 个中心镇、68 个一般集镇。在 2001 年版总规里,把卫星城改成了新城。完善了中心城、新城、中心镇、一般镇和中心村所构成的市域城镇体。

在 2002 年的郊区工作会议上,上海市委、市政府明确要求郊区发展要围绕城乡一体化，加快农村城市化，推进农业现代化，实现农民市民化的总目标，高起点编制都市型城镇体系规划，高标准制订现代化城镇实施计划，高质量建设一流的城市设施，特别要注意郊区基础设施中的交通网络建设，形成完备的供电、供水、给排水、环保、绿化、垃圾收集、信息化等综合系统。

2005年12月，由"一个中心城、9个新城、60个左右新市镇、600个左右中心村"组成的上海"1966"城乡规划体系出台，使上海的规划由城镇向农村地区延伸。1个中心城是指外环线以内的区域，面积约660平方公里。9个新城，规划建设松江、嘉定、临港、宝山、闵行、青浦、金山、奉贤南桥和崇明城桥9个现代化中等规模城市。规划总人口540万人左右，其中松江、嘉定和临港新城，人口规模按照80万～100万人规划，总人口在270万人左右。60个左右新市镇，规划建设60个左右相对独立、各具特色、人口规模在5万人左右的新市镇——对于资源条件好、发展潜力足的新市镇，人口规模按照10万到15万人规划。600个左右中心村，按照"分类规划、因地制宜"的原则，将相对分散的自然村适度归并，合理配置公共设施，把1900多个现有行政村合并成600个左右。

3. 公共服务

20世纪80年代中期，上海在全国率先确立了"城乡一体化"的发展方针，积极探索发展集体经济承担的农村养老保障；改善农村道路建设；从乡镇企业利润中提取社会性支出，用于支持农村教育文化和社会公益事业发展[9]。

20世纪90年代初，上海在全国率先开展农村社会养老保险试点。1996年，出台《上海市农村社会养老保险办法》。2007年，将农村养老保险的统筹层次从乡镇层次提升到区级层次。2010年，开展新型农村社会养老保险。2014年，颁布《上海市城乡居民基本养老保险办法》，城乡居民养老保险制度实施并轨。

---

9 薛艳杰，等. 都市现代乡村建设[M]. 上海：上海人民出版社，2019：7.

1994年，上海市建立农村居民最低生活保障制度，此后这一制度逐渐完善，保障标准不断提高（表3.7）。

表 3.7 2000—2017年上海市城乡最低生活保障标准变化

年份	城市		农村	
	元／月	元／年	元／月	元／年
2000	280	3360	—	—
2001	280	3360	—	—
2002	290	3480	186.7	2240
2003	290	3480	186.7	2240
2004	300	3600	186.7	2240
2005	300	3600	195	2340
2006	320	3840	213.3	2560
2007	350	4200	233.3	2800
2008	400	4800	266.6	3200
2009	425	5100	283.3	3400
2010	450	5400	300	3600
2011	505	6060	360	4320
2012	570	6840	430	5160
2013	640	7680	500	6000
2014	710	8520	620	7440
2015	790	9480	790	9480
2016	880	10560	880	10560
2017	970	11640	970	11640

资料来源：汪泓．上海社会保障史[M]．上海：上海人民出版社，2018：403-404．

20世纪50年代，上海就已探索建立了农村合作医疗制度，先后建立了各公社（镇）卫生院，为乡村农民提供医疗卫生保健服务。1986年起，上海在郊区部分乡镇试行合作医疗制度改革，主要内容是由地方政府、卫生部门和保险公司联合经办合作医疗，引入保险机制。2002年上海实施新型农村合作医疗制度。2016年1月起，城镇居民基本医疗保险和新型农村合作医疗整合，建立城乡居民基本医疗保险。

自2005年以来，为促进城乡医疗资源均等化，上海逐步加大了优质卫生资源向郊区的转移力度。2009年以后，实施郊区三级医院建设5—3—1项目（新建5家，提升等级3家，迁建1家），希望在全市范围内实现 1560 就医圈（15 分钟内步行到达医疗机构，60 分钟内到达三级医疗机构），这被认为是新中国成立以来促进城乡医疗卫生事业均衡发展力度最大的一次改革。另外巩固和发展合作医疗制度、加强镇村医疗机构建设和管理，包括郊区村卫生室标准化建设、乡村医师培养、城市对农村的医疗支持等。

上海市采取积极措施，不断提升郊区农村的教育质量。（1）加大投入。2003 年启动郊区优质高中扩建工程，即在南汇、奉贤、金山、和崇明 4 个远郊区县新建 4 所现代化的寄宿高中，大大改善了郊区高中办学条件。2004 年市政府将"改善 355 所郊区初中、小学教学设施、均衡城乡义务教育水平"列入实事项目。"十五"期间，上海投资 75 亿元，在郊区建设完成 556 个教育基建项目，占全市教育项目竣工总数的 73.7%。"十一五"期间，上海投入 136.68 亿元，在郊区建设完成 592 个教育基建项目。从 2011—2015 年，全市共建 807 个基础教育基建项目，其中有 85%投向郊区。（2）建立中心城区与郊区结对帮扶机制，推动优质教育资源扩散和共享。2006 年上海将 20 所郊区农村义务教育薄弱学校委托市区品牌中小学或教育机构管理，2009 年第二轮扩大到 43 所，2011 年第三轮扩大到 46 所。推进学区化、集团化办学，截至 2016 年年底，全市学区化、集团化办学联合体达 130 个，覆盖学校 692 所，约占本市义务教育阶段学校总数的 48.7%。通过学区化、集团化办学，不断缩小城乡之间、学校之间办学水平差距。2004 年以来，上海还先后实行了赴农村任教职称评聘优先优惠政策，鼓励特级校长和特级教师柔性流动，到郊区学校开展工作。中心城区每年选派一批优秀教师到对口郊区相对薄弱学校支教，同时郊区选送有培养前途的中青年校长和教师到对口城区挂职锻炼和跟岗培训。（3）大力加强农村学校师资队伍建设。实施郊区农村教师津贴和奖励政策，专业发展培训项目，鼓励和吸引优秀教师和优秀大学毕业生赴农村任教。提高郊区教师生活待遇。2010 年起，教师工资全市实行统一标准，不同区县、城乡间教师收入基本均衡。（4）提高统筹层次，加大转移支付力度。从 2003 年起开始实施义务教育区县统筹，保证了财政相对薄弱乡镇的义务教育的均衡发展。2006年起，上海加大市级财政转移支付力度，重点支持崇明、金山、奉贤等地区的义务教育。上海市从2012年开始实施市级财政"三个统筹"：统筹下达教育支出占财政支出的比例，统筹下达区县财政教育转移支付资金，统筹少数经济发达中心城区部分财政教育资金用于支持郊区县和农村地区教育发展。

2015年，上海市颁布实施《促进本市城乡义务教育一体化的实施意见（暂行）》，提出到2020年，实现全市城乡义务教育阶段学校建设、学校配置、信息化建设、教师配置与收入标准、生均经费5个标准统一。

2016年，上海市人民政府发布《关于进一步推进本市户籍制度改革的若干意见》，提出："取消本市农业户口与非农业户口性质区分，统一登记为居民户口。调整并逐步完善与统一城乡户口登记制度相适应的教育、卫生计生、就业、社会保障、住房、土地及人口统计制度。"

4. 郊区城市化

改革开放后，按照"依托城市工业、走城乡一体化、城乡联营合作共同发展"的方针，上海增强县、乡发展工业的自主权，建立了城乡工业协调小组，制订了促进乡镇工业发展的扶持政策，乡镇企业有了巨大发展，企业数量、产值、规模快速增长。郊区工业化，带动一批集镇繁荣起来。1995年，上海正式提出"农业向规模经营集中，工业向园区集中，农民居住向城镇集中"的郊区发展战略。2003年《上海市城市近期建设规划（2003—2007）》以"三个集中"思想为指导，首次提出要把建设的中心从中心城区转向郊区，进一步提高郊区的城市化水平。2004年，上海又制定出台了《关于切实推进"三个集中"，加快上海郊区发展的规划纲要》，进一步明确郊区要实现"城乡一体化、农村城市化、农业现代化、农民市民化"的总目标，以及切实推进"人口向城镇集中、产业向园区集中、土地向规模经营集中"的总战略[10]。

---

10 薛艳杰，等. 都市现代乡村建设[M]. 上海：上海人民出版社，2019：83.

第4章 转型发展 创新驱动

金融危机的冲击

自20世纪90年代以来,上海依靠大规模投资驱动,以重化、劳动密集型加工工业为主,以股市、房市等为主要支撑,连续16年实现经济两位数且高于全国两个百分点的高增长。但大规模投资拉动经济增长动能不断减弱,投资边际效应下降,土地资源、生态环境约束日益趋紧,人口总量和结构性矛盾凸显,劳动成本和商务成本迅速上升,经济发展遭遇瓶颈(表4.1)。

表4.1 1992—2007年上海GDP增速与全国同期增速比较

年 份	上海GDP增速	全国GDP增速	上海与全国速度差距
1992	14.8%	14.2%	0.6%
1993	15.1%	14.0%	1.1%
1994	14.5%	13.1%	1.4%
1995	14.3%	10.9%	3.4%
1996	13.1%	10.0%	3.1%
1997	12.8%	9.3%	3.5%
1998	10.3%	7.8%	2.5%
1999	10.4%	7.6%	2.8%
2000	11.0%	8.4%	2.6%
2001	10.5%	8.3%	2.2%
2002	11.3%	9.1%	2.2%
2003	12.3%	10.0%	2.3%
2004	14.2%	10.1%	4.1%
2005	11.1%	10.4%	0.7%
2006	12.0%	11.1%	0.9%
2007	14.3%	11.9%	2.4%

资料来源:袁恩桢,孙海鸣.上海30年:改革开放与经济发展[M].上海:上海财经大学出版社,2008:202.

受 2008 年国际金融危机外部冲击，上海经济猛然下滑。特别是当年第四季度经济增速大幅回落，导致 GDP 累计增长率从上半年的 10.3% 下滑至全年的 9.7%，同时工业生产、外贸出口、财政收入等一些重要指标出现负增长。2009 年第一季度，经济进一步下滑，GDP 仅增长 3.1%，比上年同期回落 8.4 个百分点；工业总产值下降 9.8%，比上年同期回落 4.1 个百分点；对外出口下降 20.8%，比上年同期回落 41 个百分点；地方财政收入下降 8.4%，比上年同期回落 32.2 个百分点[1]。2008 年成为上海经济增长的一个"拐点"。

2009 年 4 月 15 日，《国务院关于推进上海加快发展现代服务业和先进制造业，建设国际金融中心和国际航运中心的意见》明确提出，到 2020 年上海基本建成与中国经济实力以及人民币国际地位相适应的国际金融中心、具有全球航运资源配置能力的国际航运中心，为上海率先转变经济发展方式带来了新的历史性机遇。上海实施"6—3"重大战略举措。所谓"6"为：（1）筹办世博会；（2）加快推进国际金融中心和国际航运中心建设；（3）推进高新技术产业化；（4）浦东新区和南汇新区合并，深化改革，扩大开放；（5）建设虹桥商务区；（6）扩大文化领域开放，推动旅游业发展，尤其是迪士尼项目。所谓"3"为：（1）加快国企改革与国家重点产业振兴规划的重大项目落地；（2）调整保税区管理体制，促进出入境便利化，在形成服务经济为主的产业结构、自主创新、政府职能转变和社会建设上率先突破；（3）保持房地产健康平稳发展，加快经济适用房建设，加大旧区改造力度，切实解决好困难群众住房问题。

作为中国最大的国际经济中心城市，上海的外部环境面临着新的挑战，也面临机遇。而就城市自身发展来说，由于土地、成本、环境压力持续加大，迫切需要摆脱对原有发展路径的依赖，从投资驱动的经济增长转向创新驱动的经济增长，实现城市经济结构、空间结构、城市功能的全面转型。

---

1 周振华，洪民荣. 上海改革开放 40 年大事研究：卷一［M］. 上海：格致出版社，2018：54.

从国民经济和社会发展第十二个五年规划开始，上海实施"创新驱动发展，经济转型升级"战略，提出减少"四个依赖"，亦即减少对重化工业、房地产业、加工劳动密集型产业、固定资产投资的依赖。更加注重科技进步和创新，着力提高经济发展质量和效益。

自贸区、科创中心和进博会

2008年爆发的金融危机成为世界经济发展的转折点：第一，经济全球化进程放慢，全球经济、贸易、投资保持在较低水平；第二，发达国家出于对去工业化的反思提出再工业化战略，全球产业分工发生重大调整；第三，新一轮科技革命与绿色低碳经济的发展；第四，全球经济和政治格局发生重大调整，以中国为代表的新兴国家地位上升。

2013年3月李克强总理在上海调研，在视察外高桥保税区时提出，建立自由贸易区，来进一步扩大开放，推动开放型体制和机制的建立。上海和中央有关部门沟通后，于6月向中央提交总体方案，国务院迅速批准了这个方案。2013年9月29日中国（上海）自由贸易试验区正式挂牌成立，其目标是要适应全球化，在投资领域的高度开放、国际贸易的转型升级、金融领域的开放创新、政府管理的依法高效、海关监管的"境内关外"等方面构建对标国际的制度安排。

2015年4月，国务院颁布《进一步深化中国（上海）自由贸易试验区改革开放方案》，决定在原有试点基础上，进一步扩大试点区域，涵盖上海外高桥保税区、上海外高桥保税物流园区、洋山保税港区、上海浦东机场综合保税区以及陆家嘴金融片区、金桥开发片区、张江高科技片区，上海自贸试验区的空间范围由此拓展至120.72平方公里。以"开放度最高的投资贸易便利、货币兑换自由、监管高效便捷、法制环境规范的自由贸易园区"为发展目标，上海自贸试验区"继续积极大胆闯、大胆试、自主管"，深化完善以负面清单管理为核心的投资管理制度、以贸易便利化为重点的贸易监管制度、以政府职能转变为核心的事中事后监管制度,形成与国际投资贸易通行规则相衔接的制度创新体系,充分发挥金融贸易、先进制造、科技创新等重点功能承载区的辐射带动作用(表 4.2)。

表 4.2 上海自贸区改革措施推进计划

功能定位	改革措施
贸易便利化	海关推出 19 项改革措施,包括"先进区、后报关"、"分送集报、自行运输"、自动审放、自主报税、联网监管、优化查验、集中汇总纳税、报税展示交易等
	出入境检验检疫局推出 23 项改革措施,包括预检验、第三方检验结果采信、全球维修业务监管等
	海关和出入境检验检疫局实施了"一次申报、一次查验、一次放行"
	国际贸易"单一窗口"
投资自由化	制定首份负面清单,2014 年负面清单特别管理措施由原来的 190 项改为 139 项
	创新事项登记制度,包括注册资本认缴制、先照后证等
金融国际化	启动自由贸易账户,开展跨境资金划拨和贸易融资活动等
监管综合化	健全社会信用体系,建立公共信用信息子平台
	建立企业年度报告公示和经营异常名录制度
	健全信息共享和综合执法制度
	建立社会力量参与市场监督制度,发挥行业协会和专业机构作用,设立仲裁院

资料来源:周振华,洪民荣.上海改革开放 40 年大事研究:卷五[M].上海:格致出版社,2018:63.

2017 年 3 月,国务院批准《全面深化中国(上海)自由贸易试验区改革开放方案》,确定了未来三年上海自由贸易试验区进一步改革的方向。提出对照国际最高标准、查找短板弱项,加强改革系统集成,力争取得更多可复制可推广的制度创新成果。根据《方案》,上海自贸区确立了"三区一堡"的新目标:建设改革和创新融为一体的综合改革试验区、开放型经济体系的风险压力测试区、提升政府治理能力的先行区,服务国家"一带一路"建设和推动市场主体走出去的"桥头堡"。

中国（上海）自贸试验区成立以来，在投资管理、贸易监管、金融创新、政府职能转变四个方面均取得重大突破[2]。在投资管理制度方面，实施了负面清单为核心的投资管理模式，提升了自贸区的开放度和自由度。在贸易监管制度方面，实行了国际贸易"单一窗口"制度，货物状态分类监管制度，海关、检验检疫联动实施"一次申报、一次查验、一次放行"监管试点。在金融创新制度方面，开立了自由贸易账户，实行了跨境人民币双向资金池试点，建立了"反洗钱、反恐融资、反逃税"监管机制和跨境资金监测机制。在政府职能转变方面，创新事中事后监管，建立外资安全审查制度，形成反垄断审查联席会议制度，建立企业年报公示和经营异常名录制度。

2008年国际金融危机之后，全球掀起新一轮科技革命和产业变革浪潮，世界各国都把加大科技创新和发展战略性新兴产业作为实现经济振兴、抢占新的国际竞争制高点的重要突破口，纷纷推出以智能制造为代表的"制造业再回归"战略。在这样的国际背景下，上海在制造业领域先后颁布了《巩固提升实体经济能级"50条"意见》《落实"中国制造2025"上海行动纲要》《本市推动新一代人工智能发展实施意见》等推动上海制造业转型升级的政策文件。重点推进民用航空、大规模集成电路、智能高端制造装备、新一代信息技术、新能源汽车等战略性新兴产业和先进制造业。积极发展"四新经济"，即以新技术、新业态、新模式、新产业为代表的新经济，推动"四新"经济向高端化、智能化、集约化迈进。

2014年5月，习近平总书记在上海考察时提出，上海要努力在推进科技创新、实施创新驱动发展战略方面走在全国前头、走在世界前列，加快向具有全球影响力的科技创新中心进军。一是要牢牢把握科技进步大方向，瞄准世界科技前沿领域和顶尖水平，力争在基础科技领域有大的创新，在关键核心技术领域取得最大的突破；二是要牢牢把握产业革命大趋势，围绕产业链部署创新链，把科技创新真正落

---

2 陈建华. 浦东开发开放效应与深化[M]. 上海：上海人民出版社，2019：106.

实到产业发展上；三是要牢牢把握集聚人才大举措，加强科研院所和高等院校创新条件建设，完善知识产权运用和保护机制，让各类人才的创新智慧竞相迸发。2015年5月25日，中共上海市委十届八次会议通过《关于加快建设具有全球影响力的科技创新中心的意见》，对上海建设具有全球影响力的科创中心作出具体部署。2016年，上海科创中心建设被列入国家"十三五"规划纲要，同年国务院批准《上海系统推进全面创新改革试验，加快建设具有全球影响力的科创中心方案》，提出以实现创新驱动发展转型为目标，以推动科技创新为核心，以破除体制机制障碍为主攻方向，加快向具有全球影响力的科技创新中心进军。

首届中国国际进口博览会于2018年11月5日至10日在上海举办，共有172个国家、地区和国际组织参会，3600多家企业参展，超过40万名境内采购商到会，累计意向成交额达578.3亿美元。另有4500多名世界政商学研各界嘉宾出席论坛。

中国国际进口博览会是中国新一轮高水平对外开放的重大决策。作为世界上第一个以进口为主题的大型国家级博览会，展示了中国坚定支持贸易自由化、向世界开放市场的巨大努力和诚意，也表明了中国从注重出口到注重进出口平衡，再到注重进口的发展导向。

对上海而言，按照时任上海市委书记李强所说，自贸试验区新片区建设、在上交所设立科创板并试点注册制、长三角区域一体化国家战略这三项中央交给上海的新的重大任务连同进博会这一大战略平台，共同构成了上海在更高起点、更高层次上推进改革开放的四大战略支撑。进博会集展览、交易、论坛于一体，综合功能强，带动效应大，上海应以举办进博会为重大契机，充分发挥其溢出效应，推动上海改革开放向纵深发展[3]。一是着力打造高水平开放新优势。用足用好进博会这个全球最大进口促进平台，促使更多优质商品和服务以上海为枢纽、更加敏捷地进入中国市场，努力把上海建设成为联动长三

---

3 陈东晓. 从世博会到进博会[M]. 上海：格致出版社，2019：383.

角、服务全国、辐射亚太的进口商品集散地,在我国主动开放市场、积极扩大进口的长远考虑中承担更大使命、发挥更大作用。二是着力打造高质量发展新动能。进博会持续引进新技术、新产品、新服务落地,助推上海国际贸易、航运、金融、科创中心建设,打响上海购物、上海服务、上海制造、上海文化四大品牌。三是着力打造制度创新新平台。进博会在政策、制度方面的很多宝贵的创新实践,可结合上海自贸试验区新片区建设,对标国际最新规则和最高标准,形成常态化制度安排。

长三角一体化

2005年,长三角经济一体化纳入国家"十一五"规划。2007年5月,时任总理温家宝在上海主持召开长江三角洲地区经济社会发展协调会,明确提出长三角的发展战略将成为一个"国家战略",要求长三角应充分发挥区域优势,促进长三角地区实现率先发展。2008年9月,国务院出台《关于进一步推进长三角地区改革开放和经济社会发展的指导意见》。2010年7月,国务院正式批准实施《长江三角洲地区区域规划》。《规划》明确了长三角地区发展的战略定位和发展目标:亚太地区重要的国际门户、全球重要的现代服务业和先进制造业中心、具有较强国际竞争力的世界级城市群。提出:以上海为发展核心,优化提升上海核心城市的功能,充分发挥国际经济、金融、贸易、航运中心作用,大力发展现代服务业和先进制造业,加快形成以服务业为主的产业结构,进一步增强创新能力,促进区域整体优势的发挥和国际竞争力的提升(图4.1)。

为贯彻中央指示,响应江浙等地提出的"接轨上海、规划公绘、交通共建、产业俱兴、环境共保"等区域一体化投资环境建设目标和要求,上海开始着手创新区域合作交流机制,在规划衔接、政策协调、项目建设等重大问题上及时进行沟通，逐步形成了政府层面上多层次定期磋商机制。第一层次是三地最高决策层一年一度的峰会，就区域发展的重大战略问题进行定期商谈，研究确定区域合作的总体要求和重点事项。第二层次是以长三角一市两省的常务副省（市）长以及相关部门领导的定期会晤机制，推进落实两省一市主要领导明确的各项工作重点。第三层次是两省一市政府相关职能部门参加的专题合作机制。从而确立了"主要领导座谈会明确任务方向，联席会议协调推进、联席会议办公室和重点专题组具体落实"的决策层、协调层、执行层"三级运作"的区域合作机制。2013年，长三角四省市以交通为首，包括能源、信息、科技、信用、涉外服务、社保、人力资源、城市、金融、产业转移、环保、工商12个合作专题分头推进。

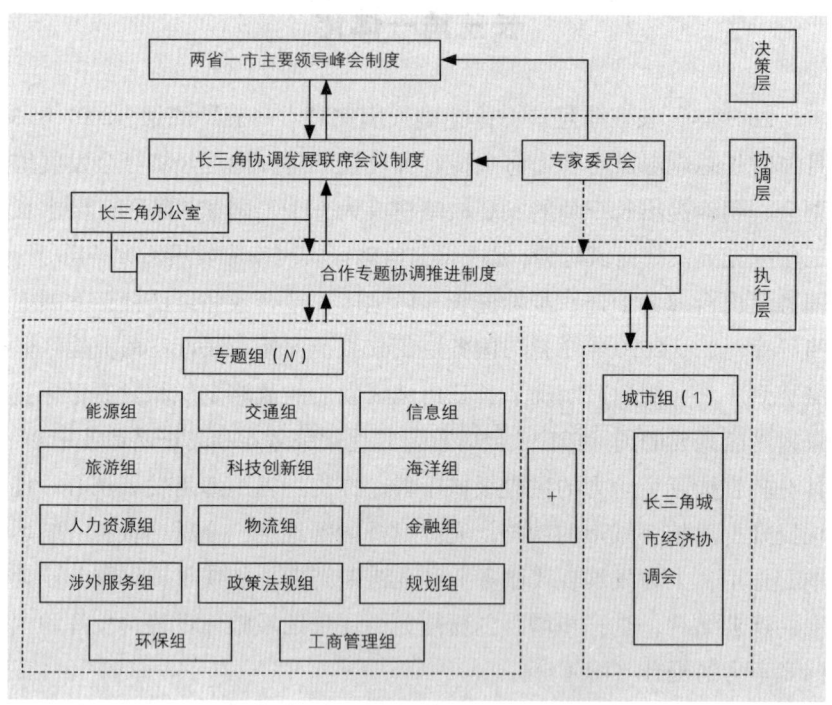

图4.1 长三角区域协作协调机制构成结构图

资料来源：汤蕴懿，等. 政府职能转型——从政府管理到公共服务[M]. 上海：上海人民出版社，2013：148.

2016 年，国家发布《长江三角洲城市群发展规划》，提出到 2030 年，长三角城市群配置全球资源的枢纽作用更加凸显，服务全国、辐射亚太的门户地位更加巩固，在全球价值链和产业分工体系中的位置大幅跃升，国际竞争力和影响力显著增强，全面建成全球一流品质的世界级城市群。《长江三角洲城市群发展规划》明确"以上海建设全球城市为引领，构建网络化、开放型、一体化发展格局，打造具有全球影响力的世界级城市群"。

为了更好推动长三角一体化发展，上海和苏浙皖三省商议着重推进四方面工作：一是组建长三角区域合作办公室，完善长三角合作常态长效体制机制；二是研究制定长三角一体化发展三年行动计划；三是加快构建综合交通网络，提升互联互通水平；四是加强生态环境共治共保，全力推进大气和水治理协作，共建绿色美丽长三角。2018 年 3 月，"长三角区域合作办公室"正式成立。同年发布《长三角地区一体化发展三年行动计划》（2018—2020），围绕交通互联互通、能源互保互济、产业创新协同、信息网络高速泛在、环境整治联防联控、公共服务普惠便利、市场开放有序 7 个主要领域，制定了具体行动计划。

经济与社会协调发展

1949 年以后，我国逐步建立起以公有制和计划经济为基础，具有低水平、普惠制特色的社会福利制度。从 20 世纪 90 年代起，受新自由主义影响，强调市场和竞争，严格控制公共部门、压缩社会开支，提倡使用者付费和以商业原则管理公共服务，中国社会保障及福利体系发生了全面转型。随之而来的是社会福利的"民营化"和"市场化"，以及福利水平的降低。

不过，上海在推出适合经济发展的各种社会政策方面有一定的自觉性和及时性[4]，比如配合住房商品化进程对住房制度进行改革（1992年）；成立慈善基金会积极开展社会救助（1994年）；配合国有企业改革，设立按系统的下岗职工再就业服务中心（1996年）；设立最低生活保障线、最低工资线，及时推行医疗保险制度改革；等等。

2006年10月，中共中央十六届六中全会提出构建社会主义和谐社会的重要战略目标，全会通过的"中共中央关于构建社会主义和谐社会若干重大问题的决定"明确提出，"以解决人民群众最关心、最直接、最现实的利益问题为重点，着力发展社会事业，促进社会公平正义、建设和谐文化、完善社会管理、增强社会创造活力，走共同富裕道路，推动社会建设和经济建设、政治建设、文化建设协调发展"。中央的这些要求形成对地方政策的重要指导。上海确立了进一步完善社会政策的指导思想，即"要分类、有梯次、保基本、广覆盖"。要分类，就是不能用一套制度解决所有人的保障；有梯次，就是要满足不同层次的保障需求；保基本，就是要尽力而为量力而行，不提不切实际的口号；广覆盖，就是努力做到各类社会保障基本全覆盖。通过持续多年的不懈努力，上海已形成与经济发展水平相适应、统筹城乡、覆盖各类人群的社会政策体系，实现了从应急式向制度化、从生存型向发展型转变，让更多的人共享改革发展的成果。

1. 范围广泛

相继建立起上海市城镇职工养老保险（1993）、城镇居民最低生活保障制度（1993）、上海市失业保险（1995）、城镇职工基本医疗保险制度（2000）。"十一五"期间，基本建设成廉租住房、经济适用住房、公共租赁住房、动迁安置房"四位一体"的住房保障体系。2017年开始建立长期护理保险制度。

2. 破除所有制与户籍界限

各种社会保险制度，初期覆盖国有企业及其职工，之后扩展到集体企业、城镇私营企业等各种类型经济组织，外商投资企业中国职工

---

4 卢汉龙. 2005年上海社会发展蓝皮书——均衡与稳定：发展的新价值[M]. 上海：上海社会科学院出版社，2005：8.

群体。另外，制度覆盖范围由单位职工向所有城镇从业人员扩展，包括城镇个体户、城镇灵活就业人员等。

2002年，社会保险由上海职工向外来从业人员拓展，推出外来从业人员综合保险暂行办法。2004年，外来从业人员子女可就读于公办学校。2008年起全日制普通中等职业学校开放招收农民工子女。

3. 城乡均衡发展

从1986年起，上海在郊区部分乡镇试行合作医疗制度改革，2002年实施新型农村合作医疗制度，1987年起建立农村养老保险制度，2011年实行新型农村社会养老保险，1993年建立农村居民最低生活保障制度。2005年8月起，统一农村居民最低生活保障标准，农村低保与城镇低保标准按1∶1.5比例确定，建立了"城乡一体、标准有别"的城乡低保标准联动机制。2003年，在郊区推出小城镇社会保险办法，保险基数和待遇水平不断提高，与城镇职工社保体系（城保）差距逐步缩小。2006年起，上海加大市级财政转移支付力度，重点支持崇明、金山、奉贤等地区的义务教育。

4. 从职工转向居民

2007年年底，在整合各类居民基本医疗保障的基础上，出台了城镇居民基本医疗保险办法。2011年起，实施城镇居民社会养老保险制度。

5. 制度归并与统一

2010年起，教师工资全市实行统一标准。2011年，将来沪从业人员悉数纳入上海市城镇职工社会保险范围，并通过5年的时间逐步过渡到位，将镇保制度中的郊区用人单位及个人纳入城保体系。2017年，全面停止执行镇保制度，正式实现其与城保体系并轨。2012年，城居保与新农保并轨，建立统一城乡居民基本养老保险。2014年，《上海市城乡居民基本养老保险办法》正式实施。2015年，在全国率先实现城乡最低生活保障标准的统一。2016年1月起，城镇居民基本医疗保险和新型农村合作医疗整合，建立城乡居民基本医疗保险。另外，上海还不断提高统筹层次，2003年起实施义务教育区县统筹，2012年实施市级财政"三个统筹":统筹下达教育支出占财政支出的比例,统筹下达区县财政教育转移支付资金,统筹少数经济发达中心城区部分财政教育资金用于支持郊区县和农村地区教育发展。2015年,新农合实施市级统筹。

6. 建立增长机制,放宽政策准入标准

根据本市经济发展、物价变动建立养老金、失业保险金、医疗保险、城乡低保增长机制。1993—2013年,上海市城镇居民最低生活保障标准共调整16次。2005—2011年,上海农村低保标准每人每月分别为195元、500元。2017年,上海第21次调整最低生活保障及相关救助标准,城乡低保标准水平从880元提高到970元。

2001年年底,上海在全市全面推行廉租房制度,采取集收入标准与居住困难标准为一体的"双困"准入和退出机制。其中收入标准,最初是家庭人均月收入低于民政部门确定的280元的城镇家庭最低生活保障线,并接受民政部门救助连续6个月以上。2006年年底起收入标准与最低生活保障线脱离,扩大到低收入家庭。住房困难标准从最初人均居住面积5平方米以下,提高到7平方米以下。

社会政策不但在支持经济发展和促进社会和谐,甚至在政治层面也具有深远意义。20世纪90年代,上海有100万名工人下岗,100万名居民动迁。但上海这10年中既较好地完成了城市产业结构调整,又保持了社会的相对稳定;既实施了大规模城市基础设施建设,又完成了百万人动迁安置任务;既能保持连续12年的GDP两位数增长,又在城市精神塑造和城市文化建设等方面取得了可喜进展,这些都充分说明了上海城市的发展潜力和能力[5]。这些均非用简单的经济学原理可以解释的现象,其实是与上海在发展经济的同时十分注意社会公平以及相应的社会政策的配合分不开的[6]。

总之,改革开放以来,上海坚持发展为主、民生为本,通过不断

---

[5] 卢汉龙. 2005年上海社会发展蓝皮书[M]. 上海:上海社会科学院出版社,2005:265.
[6] 尹继佐. 2005年上海社会发展蓝皮书——城市管理与市民素质[M]. 上海:上海社会科学院出版社,2002:20-22.

完善社会政策,既促进了经济发展和城市建设,也在深刻的社会变迁中维护了社会稳定。最重要的是让人民分享到城市经济社会发展的成果,不断满足了人民日益增长的美好生活需要,提升了生活质量。

建设卓越的全球城市

萨森对纽约、伦敦、东京 3 个最顶级的全球城市,进行了大量的实证研究。萨森认为,全球城市在世界经济中发展起来的关键动力在于其集中优良的基础设施和服务,从而使它们具有了全球控制能力。全球城市具有以下 4 个基本特征:(1)高度集中化的世界经济控制中心;(2)金融和特殊服务业的主要所在地;(3)包括创新生产在内的主导产业的生产场所;(4)作为产品和创新的市场。

2002 年,上海召开"上海经济发展与国际大都市比较"国际研讨会,邀请萨森出席会议并作主题发言。会议期间,萨森将新版《全球城市》一书赠予中国学者,随后该书被翻译成中文出版,激发了中国学术界对"全球城市"的研究热情。

在综合国外学者研究的基础上,中国学者提出了自己的全球城市概念。如周振华指出,所谓全球城市就是在经济、文化资本及创新方面最有实力的,并通过全球城市网络中的广泛联系而体现其在全球经济活动中举足轻重的战略地位,在全球经济协调与组织中扮演超越国家界限的关键角色,成为全球资源要素大规模流动及其配置的基本节点城市。全球城市的主要特征表现为:(1)全球经济体系的连接点,高度集中化的世界经济协调与组织中心,各区域经济通过全球城市的连结而成为一个有机的整体;(2)公司总部、金融及专业服务公司等功能性机构的主要所在地,全球资本、信息、商业服务、高端专业人才等要素的汇聚地和流动地;(3)引领全球创新思想、创意行为、创业模式的主要策源地,包括创新生产在内的主导产业的生产场所;

(4) 经济与社会、文化的互动程度非常高，能创造更多工作机会和更加富裕的程度，而社会极化现象也更为突出；(5) 融入全球城市区域中的核心城市，具有多核心城市空间结构和中心城区商务服务高密集布局的明显特征[7]。

他还区分了全球城市的两种类型，即综合性的全球城市和专业性的全球城市。综合性的全球城市，具有全面发展的组织构造，不仅银行、金融、生产者服务的全球网络联系性较强，媒介、文化联系性等方面也都处于前列，因而在全球网络总体联系上会趋向靠前的位置。另一种是专业性的全球城市，具有重点方面发展的组织构造，可能在银行、金融业方面表现卓越，有较强的银行、金融全球性网络联系性，但在其他商务服务领域却没有相应的地位，从而在总体联系上会趋向于排在相对较低的位置[8]。

何谓"崛起中的全球城市"？周振华指出，崛起中的全球城市就是指那些被纳入全球城市体系之中，已经具备相应基础条件，并正朝着全球城市方向发展的潜在全球城市。它所要具备的基本特质是与全球城市一致的，只不过程度不同而已，是一个次节点或一般节点的网络化联系程度。与此相适应，崛起中的全球城市的内部组织构造特征还不像全球城市那样鲜明，但已开始具备相应的基本雏形。例如全球城市高度集中的是跨国公司总部和国际性组织机构；而作为崛起中的全球城市，更多的是集中了跨国公司地区或国内总部和大公司总部，或者是跨国公司和大公司的研发总部、营销总部等。又如作为崛起中的全球城市，也已开始成为个别全球性市场的所在地，或者已集中了一批对全球有一定影响力的各类大市场，也已开始成为聚集各种高级专业商务服务的所在地、各种国内外商贸及其他行业协会高度集中的所在地，以及各类非政府组织的集中地。作为崛起中的全球城市，在新闻传媒、信息服务及文化等方面同样也集中了不少相关组织机构[9]。

---

7 周振华. 上海迈向全球城市：战略与行动[M]. 上海：上海人民出版社，2012：10-11.
8 周振华. 上海迈向全球城市：战略与行动[M]. 上海：上海人民出版社，2012：11.
9 周振华. 上海迈向全球城市：战略与行动[M]. 上海：上海人民出版社，2012：15-16.

20世纪初，上海是远东第一城市。1949年以后，上海一直是中国最大的经济中心城市。改革开放以来，特别是浦东开发开放后，上海的发展日新月异，累积了"深厚的经济实力和强大的发展动力"。早在21世纪之初，国际经济界就认为，在综合竞争力方面，上海已接近东京、香港、汉城（今首尔）和新加坡等亚洲城市，且发展潜力巨大。在对外开放和融入世界经济进程中，上海已具备角逐顶端全球城市潜在基础及条件。

2013年年底，上海市委、市政府决策开展新一轮大规模的城市发展战略研究，即"面向未来30年的上海"发展战略研究。发展战略研究采取了综合性与专题性相结合、国内与国际相结合的研究方式，委托世界银行和国务院发展研究中心分别承担国际版和国内版的总体战略研究，委托中央国家部委研究机构和首都高校开展战略环境研究，委托上海本地机构开展总体战略平行研究。2014年4—5月，上海市政府发展研究中心通过公开招投标方式，最后确定包括中央部委、上海、江浙地区和香港等76所知名院校和机构，共81个研究团队承担了43个专题研究任务。

上海在组织面向未来30年的上海发展战略研究中，从2014年到2016年，结合联合国"世界城市日"活动，与世界银行共同成功举办了三届"全球城市论坛"。另外围绕未来大都市空间战略、城市规模、产业与竞争力、交通与出行、新型城镇化、城市发展目标、社区与宜居城市、城市更新、文化与风貌、城市安全与风险应对、信息化与智慧城市等影响上海未来发展的重大问题，在2014年6月至8月，举办了系列研讨会。

2014年上海编制面向中长期城市远景规划《上海市城市总体规划（2016—2040年）》。2017年12月上海市城市总体规划获国务院批复。2018年1月《上海市城市总体规划（2017—2035年）》正式发布。

《上海市城市总体规划(2017—2035年)》明确上海的城市性质是：上海是我国的直辖市之一，长江三角洲世界城市群的核心城市，国际经济、金融、贸易、航运、科技创新中心和文化大都市，国家历史文化名城,并将建设成为卓越的全球城市、具有世界影响力的社会主义现代化国际大都市。

2020年,建成具有全球影响力的科技创新中心基本框架,基本建成国际经济、金融、贸易、航运中心和社会主义现代化国际大都市。

2035年,基本建成卓越的全球城市、令人向往的创新之城、人文之城、生态之城,具有世界影响力的社会主义现代化国际大都市。

2050年,全面建成卓越的全球城市,令人向往的创新之城、人文之城、生态之城,具有世界影响力的社会主义现代化国际大都市(图4.2)。

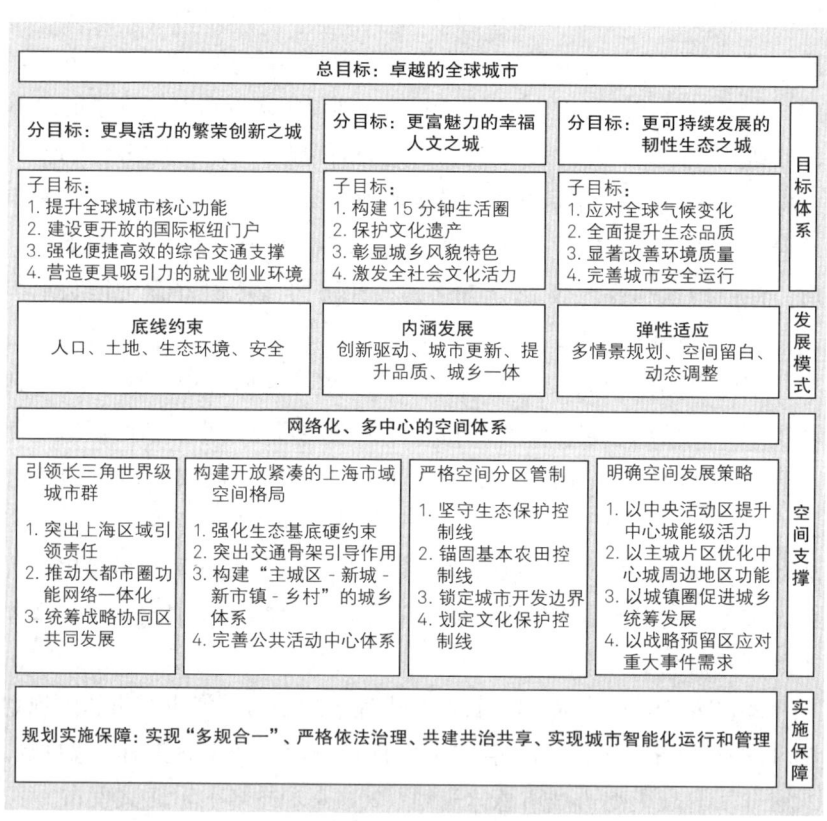

图4.2 上海市城市总体规划构架

资料来源:庄少勤.迈向卓越的全球城市——上海新一轮城市总体规划的创新探索[J].上海城市规划,2016(4):3.

下篇　深圳

第 5 章　从边陲小城到经济特区

特区的成立

公元 331 年，东晋设立宝安县，宝安县城位于珠江口附近的南头古城。1573 年，明朝改设新安县，建县治于南头，辖地包括今天的深圳市及香港区域。

"深圳"作为地名于明永乐八年（1410 年）始见于史籍。"圳"指田野间水沟，"深圳"即指水泽密布。清朝初年建墟。由于得天独厚的地理位置，深圳墟成为当地众多集市中最具规模、最有魅力的集市[1]。

民国初年，新安县更名为宝安县。在广九铁路开通（1913 年）之后，深圳墟成为远近闻名的农副产品交易市场，宝安县治东迁至深圳墟，此后深圳墟成为该县的政治经济中心。

中华人民共和国成立后，宝安县与惠州、东莞等地一起，划归惠阳。宝安县的县城设在深圳。1953 年，宝安县政府迁往蔡屋围。

1949 年以来，宝安与一河之隔的香港经济发展形成巨大反差，诱发了偷渡外逃香港现象。1957 年、1962 年、1972 年、1979 年的逃港潮，被称作"大逃港"。据统计，仅 1979 年，当地经由深圳河偷渡外逃累计 29 万多人次，成功逃出人数 7.6 万[2]。深圳偷渡现象屡禁不止，成为困扰广东和地方的一个主要问题[3]，也引起了中央的关注。广东省委把逃港事件报告到中央时，邓小平沉重地说："这是我们的政策有问题，此事不是部队能够管得了的。"

1978 年 4 月，国家计委、外贸部经济贸易考察团抵达香港、澳门进行实地考察，写出《港澳经济考察报告》上报中央，强调要借鉴香港经验，在宝安、珠海建立出口基地，力争经过三五年努力，将其建设成具有相

---

1 胡秋野. 深圳传［M］. 北京：新星出版社，2020：37.
2 胡秋野. 深圳传［M］. 北京：新星出版社，2020：21.
3 杨耀林. 深圳改革开放史［M］. 北京：文物出版社，2010：21.

当水平的对外生产基地、加工出口基地和吸引港澳同胞的游览区。

1979年3月5日，国务院批复同意深圳撤县建市。

1979年4月，中央工作会议召开，时任广东省委领导向中央提出："广东临近港澳，可以发挥这一优势，在对外开放上作点文章。广东打算仿效外国加工区的形式，进行观察、学习、实验，运用国际惯例，在毗邻港澳的深圳市、珠海市和重要侨乡汕头市划出一块地方，单独进行管理，作为华侨、港澳同胞和外商的投资场所，按照国际市场的需要组织生产，初步定名为贸易合作区，并希望中央给点权，让广东先走一步，放手一搏。"邓小平认为："还是叫特区好……中央没有钱，可以给些政策，你们自己去搞，杀出一条血路来。"

1979年7月，中共中央、国务院批转广东省委、福建省委《关于对外经济活动实行特殊政策和灵活措施的两个报告》（中发〔1979〕50号文），正式批准建立"特区"。文件指出，粤闽靠近港澳，海外华侨多，资源比较丰富，具有加快经济发展的有利条件，因此，中央决定，在粤闽两省实行特殊政策和灵活措施，给地方以更多的自主权，使之发挥优越条件，抓紧当前有利的国际形势，先走一步，把经济尽快搞上去。文件批准在深圳、珠海两市试办出口特区，待取得经验后，再考虑在汕头、厦门设置的问题。

1979年11月，深圳升为地区级省辖市。

1980年3月，在广州召开的特区工作会议上，出口特区改名为具有丰富内涵的"经济特区"。

1980年8月26日，第五届全国人大常委会第十五次会议审议通过《广东省经济特区条例》，深圳经济特区正式成立。作为深圳市一部分的经济特区，东起营仔角，西至南头一甲村，东西长49千米；北沿梧桐山、羊台山分水岭，南至深圳河，南北宽约6.5千米，总面积327.5平方千米。1982年设立长达84.6千米的特区管理线——东起盐田小梅沙、西至南头安乐村，将深圳市划分为特区内、特区外，使深圳成为中国唯一一市两制的城市[4]。

---

4 胡秋野. 深圳传［M］. 北京：新星出版社，2020：17.

从贸易到工业

1979年建市之前,深圳所在的宝安县仅是个农业县,工业生产以农副产品加工为主。1979—1985年这一时期,工业规模很小。1985年,深圳仅有蛇口半岛的蛇口工业区、南油工业区、华侨城东部工业区以及上步工业区等几个工业区。经济发展主要靠对国内其他地方的转口贸易,且主要是进口而非出口,以及流通业、基建。外引内联的资金之所以投资深圳,主要因为转口贸易和由此而来的高额利润。

1985年,国务院全国经济特区工作会议在深圳召开,提出"以外商投资为主,生产以加工装配为主,产品以出口为主",推动深圳工业化发展,加速向外向型经济转变。中央的第七个五年计划也明确要求"经济特区要在继续积极引进先进技术的同时,逐步做到生产以外销为主,力争给国家多创外汇"。深圳据此提出"七五"计划的工业目标:利用外资15亿美元,国内投资60亿元人民币,新建工厂500间,到1990年,工业总产值达到90亿元[5]。

自此深圳经济从贸易向工业转型。

与深圳一河之隔的香港,1950年以前经济主要以转口贸易为主。20世纪50年代起,香港开始工业化,到70年代,工业出口占总出口的81%,从单纯的转口港转变为工业化城市,实现了经济的第一次转型。从70年代开始,香港经济多元化发展,金融、房地产、贸易、旅游业增长迅速,实现了从制造业转向服务业的第二次经济转型。伴随着经济转型,港英当局采取了一系列自由化政策,包括解除外汇及黄金管制、解冻银行牌照、取消存款利息税等,使得外资银行及跨国金融机构纷纷涌入香港,香港最终发展成为全球国际金融中心之一。香港经济转型意味着产业的转移,而中国此时正在打开国门,香港商人的视线向北方投去[6]。

---

5 金心异,陈倩,李宁. 先行:华为与深圳[M]. 广州:广东旅游出版社,2021:37.
6 谢国平. 中国传奇:从特区到自贸区[M]. 谢国平 上海人民出版社,2019:48.

20世纪80年代中期之后,一方面,由于深圳特区经济转向以工业发展为主线,吸引香港制造业大举北迁,即广为人知的"三来一补"(来料加工、来样生产、来件配装、补偿贸易);另一方面,深圳利用国内工业基础和技术力量,加速工业发展,形成不同形式的经济联合:(1)由国家工业部门牵头,联合各省市同行业和深圳组成联合股份公司;(2)由深圳工业行业公司和国家有关部门在深圳的分公司组成工业集团公司或联合公司;(3)以国家有关工业部门为主,组织所属企业到深圳办厂,开展外引内联;(4)以深圳市市属企业为主,联合各省市地方企业或部属企业,组成独立的内联企业[7]。

到1989年,深圳出口总值中工业产品的出口比重超过70%,深圳自产产品出口占出口总值的63%,初步建立起以工业为主的外向型经济体系[8]。

据统计,1979年3月撤县设市时,深圳还是一个3万人口的边陲小镇,当地生产总值1.96亿元,人均GDP约606元,规模以上工业总产值仅0.61亿元[9]。至1992年,深圳GDP提升到317.32亿元,居内地城市第六位,人均GDP提升至12827元。外商投资企业和引进外资总额均居全国各城市之首,初步形成了出口创汇型经济格局[10]。

在对外开放中探索市场经济

其实,早在特区建立之前,招商局就在深圳设立了蛇口工业开发区。

1979年1月,广东省委和交通部联名向国务院呈报了《关于我驻

---

7 袁晓江. 深圳经济特区40年[M]. 北京:中国社会科学出版社,2020:49.
8 周溪舞,等. 深圳以工业为主发展外向型经济的轨迹[J]. 特区理论与实践,2008:4.
9 袁义才. 新时代深圳全域协调发展前瞻[M]. 北京:中国社会科学出版社,2020:3.
10 袁义才. 新时代深圳全域协调发展前瞻[M]. 北京:中国社会科学出版社,2020:3.

香港招商局在广东宝安建立工业区的报告》。1979年2月，国务院批准由香港招商局在蛇口2.14平方千米土地上建立我国第一个出口加工区。1984年蛇口工业区范围重新划定，总面积增至11.4平方千米。到1984年年底，一片荒滩野岭的蛇口就建起了一个资金以外资为主、产品以外销为主、产业以工业为主的初具规模的新兴出口加工工业区[11]。

蛇口工业区充当了中国改革开放的"试管"和"尖兵"，率先进行体制改革。最早建立全新的劳动用工制度、干部聘用制度、薪酬分配制度、住房制度、社会保险制度、工程招标制度及企业股份制。

深圳特区成立后，冲破计划经济体制的束缚，进行以市场为取向的全面改革，创出了许多中国第一：

1980年，与港商合作建设中国第一个商品房小区东湖丽苑。
1981年，在全国率先试行工程招标承包制。
1982年，引进中国第一家外资银行：南洋商业银行深圳分行。
1983年，中国第一家律师事务所：蛇口律师事务所。
1983年，中国第一张向社会公开发行的股票"深宝安"诞生。
1984年，深圳在全国率先取消粮油食品凭票供应制度。
1984年11月，第一家证券交易所。
1985年，第一个外汇交易中心。
1987年，中国首家企业股份制商业银行——招商银行。
1987年，第一个土地使用权的拍卖会。
1988年，中国第一家股份制保险企业平安保险开业。
1988年，深圳经济特区住房制度改革方案出台，这是中国第一个全面实施房改的城市。
1990年，中国第一家开业的证券交易所：深圳证券交易所。

---

11 杨耀林. 深圳改革开放史［M］. 北京：文物出版社，2010：40.

一个初具规模的新兴城市

深圳是一座"基本按规划建设起来的城市"。

1979年7月，中共中央、国务院批准在深圳试办出口特区。1979年12月，深圳编制首个城市规划《深圳市城镇发展规划》，将深圳作为发展来料加工为主的"三来一补"企业的生产基地，总用地面积为10.65平方千米，人口到1985年为10万人，到2000年为20万~30万人。

1980年8月26日，深圳经济特区正式成立，省市共同组成市规划办公室，编制出《深圳城市建设总体规划》。这次城市规划中的城市功能定位为"具有相当水平的工农业相结合的出口商品生产基地，成为吸引港澳旅客的游览区，成为新型的边防城市"。规划城区范围总用地69平方千米，城区人口规模至1985年为30万人，远期至2000年为60万人。将特区分为市区、南头、蛇口、沙头角四个区，以罗湖—上步为发展中心，以沙河、蛇口为卫星工业区。

1982年完成《深圳经济特区社会经济发展规划大纲》，功能定位为"以工业为重点，兼营商、农、牧、住宅、旅游、科研等多种行业的综合性特区"。根据深圳特区地形狭长的特点，确定深圳为"多中心组团式带形城市"。规划到2000年总用地面积98平方千米，人口到2000年为80万人。

1982年深圳总规中界定了两个边界，一个是市域边界，总面积2020平方千米；另一个是经济特区边界，总面积328平方千米。另外，根据地理位置及环境条件，在特区内划分了东、中、西等三个片区，不同片区承担不同的功能。各区之间相互连接但各自的功能相对独立（图5.1）。

1984—1986年，深圳编制《深圳经济特区总体规划（1986—2000）》，明确深圳经济特区性质是以工业为重点的外向型、多功能、产业结构合理、科学技术先进、高度文明的综合性经济特区。空间布局仍采用多中心组团式结构，城市分成规模大小不等、功能性质各异的6个组团，以绿带互相隔开，以便捷的东西干道连成整体。确定到

2000年规划区域总用地面积122.5平方千米，总人口110万人。深圳市政府提出要加强特区内农村建设的规划管理，将农村乡镇建设纳入城市规划。1986年总规基本建立了深圳特区内城市的未来框架(图5.2)。

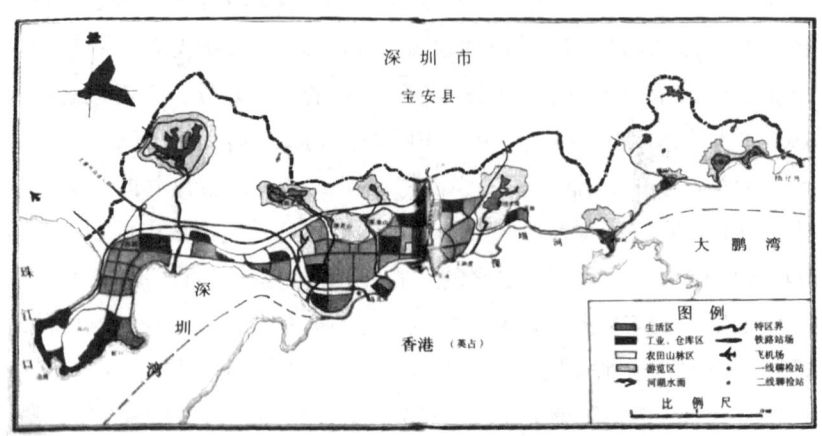

图5.1 1982年深圳经济特区总体规划示意图

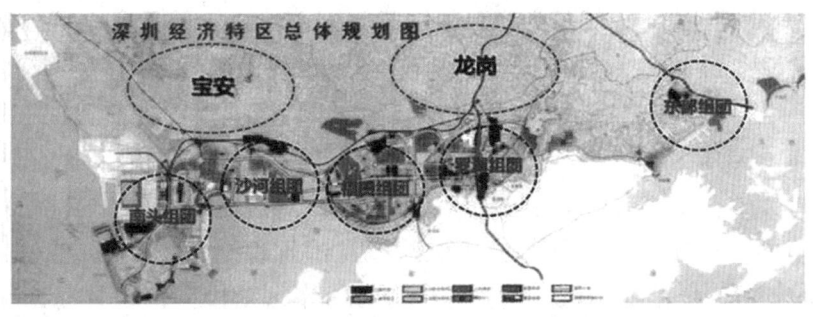

图5.2 1986年深圳经济特区总体规划示意图

1989年年底编制完成《深圳经济特区总体规划图》，确定城区范围总用地面积150平方千米，到2000年城市人口规模150万人（其中户籍人口80万人，暂住人口70万人）。将深圳的城市功能定位为"以科技工业为基础，金融贸易、第三产业为先导的国际性城市"。同年编制完成的《深圳市城市发展策略》，将规划的视野扩展到了整个市域范围，明确深圳的城市性质为"对外贸易、金融、高科技比较发达、贸工结合的、外向型的、多功能的、基础设备齐备的、具有创汇农业、环境优美的国际性城市"。

改革开放之初，深圳只是一个"省尾国角"的小县城，人口3万人，仅有猪仔街、鱼仔街两条小巷和一条200米长的小街。深圳经济特区建立后，选择位于罗湖口岸的附近区域，开展了以城市基础设施为中心的基本建设。由于国家投入的资金非常少，深圳基础设施建设主要依靠银行贷款和土地的资本化运作。到1985年上半年，罗湖成为深圳的商业中心区。

1987年，深圳大兴土木，建成不少现代化建筑和购物中心。20世纪90年代初，深圳发展成为一个初具规模的现代化新兴城市。据统计，1979—1992年间，深圳市共完成基本建设投资406.28亿元，城市建成区面积达75平方千米。一座广厦林立、环境优美、交通发达、设施配套的现代化新城在祖国南疆迅速崛起[12]。

---

12 杨耀林. 深圳改革开放史［M］. 北京：文物出版社，2010：50.

第 6 章　邓小平南方视察后的深圳

1992 年邓小平视察南方并发表重要讲话，深圳掀起新一波建设高潮。1992 年对深圳这座城市来说是非常关键的一年。

向高科技产业转变

深圳建立初期，规划者就提出"经济特区采取与内地不同的体制和更加开放的政策，充分利用国外的资金和技术，发展高新技术研究制造业和其他行业"[1]。因为当时正是全球信息产业快速发展的时期，深圳特区选择电子工业。1979 年，深圳成立了全国电子工业第一家中外合资企业——光明华侨电子厂。1980 年，全市有三资企业 33 家、"三来一补"企业 270 家，其中电子企业 7 家。1982 年，光明华侨电子首开深圳引进境外先进技术的先河。20 世纪 80 年代末，时任深圳市委书记李灏推动发展电子信息产业，把电子工业部的一大批技术先进的企业引入深圳，组建了当时全国最大规模的电子信息产业集团。正是通过内联，深圳的电子信息产业才能从零开始，迅猛发展成经济特区的支柱产业，并且至今在全国占有重要地位[2]。

20 世纪 90 年代初，由于深圳土地、劳动力等生产要素价格不断提高以及资源紧张等问题，大量技术含量偏低的加工型企业纷纷迁出深圳。1993 年年底，深圳停止登记注册新的"三来一补"加工企业，转向发展高新技术产业。

1992 年，深圳决定在原特区内停止注册"三来一补"企业，引起

---

1 乐正. 深圳的国际科技产业创新之路 [M]. 深圳：海天出版社，2019：34.
2 袁晓江. 深圳经济特区 40 年 [M]. 北京：中国社会科学出版社，2020：49.

了短期经济增速下滑。为了平衡增长，1995年，深圳市政府出台《关于加强"三来一补"管理的若干规定》，提出："从实际出发，不同地区应有区别、分层次地发展'三来一补'。特区内要适度发展，宝安、龙岗两区要积极发展，山区和偏僻地区要鼓励发展。"不过，这个阶段"开展'三来一补'的产业政策应与全市产业政策相一致。积极鼓励发展资金密集型、技术密集型和全工序配套生产的项目，限制发展高能耗、高耗水等资源占用量大的项目，禁止兴建污染环境的项目"[3]。

1994年前后，深圳开始产业转型升级，向高科技产业转变，进一步建立与完善高科技产业支持体系。

1. 战略引领与综合配套政策

早在20世纪80年代，深圳就提出以科技促进工业的设想。1984年深圳成立了先科技术开发公司，还颁布了《深圳经济特区引进先进技术鉴定暂行办法》。1985年11月，深圳市首次召开全市科技大会，第一次在深圳提出"科技兴市"。1986年，发布《关于加强科技工作的决定》，提出"经济建设必须依靠科学技术，科学技术必须面向经济建设"的方针。1987年5月，发布《深圳市科学技术进步奖励暂行办法》。1987年10月，成立深圳市科学技术发展基金会。1995年7月，深圳市召开全市科技大会，提出贯彻全国科技大会精神，实施科技兴市战略，发布《关于推动科学技术进步的决定》。

1994年12月，中共深圳市委一届八次全会扩大会议提出"大力发展高新技术产业，调整优化产业结构"。1995年7月，深圳市召开全市科技大会，提出贯彻全国科技大会精神，实施科技兴市战略，把推进高新技术产业发展作为今后的中心工作，明确了信息产业、新材料、生物技术为今后发展的三大支柱产业，并制定了相应的配套扶持政策。1995年10月，深圳市委、市政府发布《关于推动科学技术进步的决定》，明确"以高新技术产业为先导"的战略思想。1995年深圳第二次党代会提出建立"以高新技术产业为先导，先进工业为基础，

---

[3] 南岭. 深圳产业政策40年[M]. 北京：中国社会科学出版社，2020：112.

第三产业为支柱"的工业体系。

1998年发布的《关于进一步扶持高新技术产业发展的若干规定》（"旧22条"），是国内第一个全面支持高新技术产业发展的地方性规章。该规章集成和拓展了既往的对高新技术企业和项目的优惠政策，在税收、用地、企业注册、出入境、人才引进等方面给予更全面的支持，尤其是打开了资本与创新、研发与生产，以及人才聚集的通道[4]。

国家科委（后来的科技部）推动了深圳市走向科技发展，为科技体制改革探路[5]。当时的国家科委主要负责人是中国高科技产业化的大力倡导者，希望深圳闯出科技促进经济发展的新路子，认为深圳近年发展得比较快是得益于改革开放、得益于商品经济的发展，但是情况在变，深圳、广东特有的优势可能在上海也有了，国家今后要把开放地区的特殊政策从广东、东南沿海逐步引向具有科技优势的长江沿江，这样一来，深圳相对而言就没那么突出了，因此，深圳要把经济与科技结合，增强企业的科技开发能力。深圳市科技发展的重要和主要的方向，是在企业内部建立强大的科研机构、开发机构，包括与名牌大学、有实力的内地研究所共同建设。在走引进消化吸收路子的同时，发展基础研究，吸引大量科技人才来办个体企业、集体企业、民办企业，鼓励民间科技企业的发展，吸引海外留学生回深圳参加工作。

2. 建立以企业为主体、以市场为导向的技术开发体系

1987年2月，深圳颁布《关于鼓励科技人员兴办民间科技企业的暂行规定》，支持和鼓励科技人员兴办科技企业，很快便吸引了一大批内地创业者，并催生了一批潜力巨大的民营科技企业。根据这个规定，民间科技企业是指两名以上的科技人员，根据"自筹资金、自由组合、自主经营、自负盈亏"的原则组建的公司，主要从事科研开发及新技术产品的生产、销售、技术咨询、技术贸易、技术服务等业务。

---

4 南岭. 深圳产业政策40年［M］. 北京：中国社会科学出版社，2020：113.
5 金心异，陈倩，李宁. 先行：华为与深圳［M］. 广州：广东旅游出版社，2021：57.

科技人员可以现金、实物及个人所拥有的专利、商标等工业产权或技术作为投资入股。为了鼓励和扶持民间科技企业的发展，深圳市人民政府对这些企业在税收、资金、产品销售、物资进出口等方面给予方便和优惠待遇。由于当时深圳的体制灵活多样，吸引了内地大批有知识、有成果和有冒险精神的企业家来深圳创办科技企业。此项规定的出台对后来深圳发展高新技术产业具有里程碑意义，促成了华为、中兴通讯等一批高科技民营企业的诞生，也因此促成了深圳研发机构、研发人员、研发投入、专利成果"4个90%"以上企业的基本格局。

3. 建立深圳高新技术产业园区

1985年，深圳市政府和中国科学院联合创办了第一个国家级科技工业园——深圳科技工业园，这是双方推动科技与经济紧密结合的探索，反映了深圳发展高新技术产业的超前意识[6]。1996年5月，深圳市高新技术产业园区正式成立，同年9月被国家科委确认为国家级高新技术产业园区，为深圳高新技术产业的崛起打下了坚实基础。

1996年12月，深圳市政府和清华大学共同创建深圳清华大学研究院，成为中国第一家新型研发机构。1999年成立的深圳虚拟大学园，是集中国内外院校资源，按照一园多校、市校共建模式建设的创新型产学研结合示范基地。

4. 探索高新技术产业风险投资机制

1994年12月，深圳市成立高新投集团有限公司（"深圳高新投"），是深圳市政府为解决中小科技企业融资难问题成立的专业金融服务机构。

1999年，深圳市政府出资5亿元，同时引导社会资本出资2亿元，成立深圳市创新科技投资有限公司（"深创投"）。2004年深交所设"中小企业板块"。2009年深交所创业板开市。同时，大批的天使投资基金、风险投资基金、产业投资基金以及私募基金等在深圳集聚，建立起多元化资本市场与金融服务体系。

---

6 南岭. 深圳产业政策40年［M］. 北京：中国社会科学出版社，2020：53.

1999年10月,深圳举办首届中国国际高新技术成果交易会。这是我国第一个国家级高新技术成果交易会,吸引了大量的海外华人科技精英回国创业,同时成为VC投资人扎堆地。

2000年,深圳国际高新技术产权交易所成立。

深圳市作为国家改革开放的前沿城市,大力发展高新技术产业,走在了全国的前列。1991年全市高新技术产品产值仅22.9亿元,占工业总产值的比重为8.1%;1998年全市高新技术产品产值达655.18亿元,占工业总产值的比重提高到35.44%,初步形成了计算机及其软件、通信、微电子及基础元器件、新材料、生物工程、机电一体化和激光七大领域的高新技术产业群,其中计算机和通信产业的产值占高新技术产值的比重超过75%[7]。

市场经济体制的建立

1994年,深圳贯彻落实党的十四大和十四届三中全会精神,制定《建立社会主义市场经济体制总体规划》,提出率先建立社会主义市场经济体制的目标。

1997年5月,深圳第一次系统地介绍建立以十大体系为主要内容的市场经济体系基本框架:

(1) 以公有制为主体的多种经济成分并存,以及在市场经济内公平竞争。
(2) 以资本为纽带的国有资产监督管理和运营体系。
(3) 以市场经济为基础的价格体系。

---

7 吴定海. 深圳密码:迈向社会主义现代化强国的城市范例[M]. 北京:中国社会科学出版社,2020:121.

（4）以商品市场为基础，以要素市场为支柱的市场体系。
（5）社会共济与个人保障相结合的社会保障体系。
（6）以中介组织为主体的社会经济服务监督体系。
（7）适应市场经济需要的国民经济核算和企业财务会计体系。
（8）以按劳分配为主，多种分配形式并存的分配体系。
（9）以间接手段为主，面向全社会的经济管理调控体系。
（10）适应特区社会主义市场经济体制需要的法规体系。

深圳被经济学家视为中国最市场化的地方，这既反映在所有制结构上，也体现在现代企业制度建立及国有资产管理体制上。

私营经济是深圳经济发展中的重要力量。深圳的民营经济经历了20世纪80年代起步、90年代成长、21世纪初加入WTO后的快速崛起。随着深圳本土民营经济实力的增强和行业领军企业的崛起，目前民营企业在深圳所有制结构中占绝对比重，涌现出华为、腾讯、中兴等世界级的高科技企业，以及平安保险、招商银行等全球著名的金融企业。

深圳特区成立初期，基本上没有什么国有企业。之后深圳利用国家优惠政策以及发展机遇，在工业、商贸、建筑业、服务业等领域，投资组建了一批国有企业，且随着特区经济的发展，深圳国企规模越来越大。1986年深圳开始股份制改革试点，1989年首次公开出售4家国营企业。1992年出台《深圳市股份有限公司暂行规定》。1994年开始实行内部员工持股试点改革。2001年，深圳市政府出台《关于进一步加快国有企业改革和发展的实施意见》，推进产权主体多元化。2002年，通过国际招标的形式公开转让部分国有企业的股权。到2006年年底，深圳基本上实现了各类企业的股份制改造目标[8]。

1987年成立深圳市投资管理公司，对国有资产保值增值。1992年，深圳成立国有资产管理委员会，逐步形成国资委—投资管理公司—控股国有企业三个层次的国有资产管理体制。1998年，深圳将所属地方国企

---

8 吴定海. 深圳密码：迈向社会主义现代化强国的城市范例[M]. 北京：中国社会科学出版社，2020：118.

编入三大控股公司，即深圳市投资控股、建设控股、商贸控股。2004年，深圳对国有资产管理体制进行调整，撤销资产经营管理公司，由国资委对规模大、公共性强或有竞争优势的国有企业直接行使出资人权利。

2003年，深圳对竞争性处于劣势的工业、流通、商贸、建筑等领域的国有企业，以经营者员工持股的方式进行产权改革，实行改制退出，使国有企业主要集中在保障城市运营的基础设施和公共服务领域。深圳的地方国有资本，在整个深圳经济体系中，并不算是十分强势的一部分，但是由于它控制了一些垄断性行业，尤其是一些公用设施类的产业，因而具有相当的地位[9]。

20世纪80年代深圳首先吸引了港台资本在这里投资发展加工贸易。1989年的统计数据显示，外商投资企业的工业产值为106.93亿元，增长率为55.51%，占工业总产值的比重为62.50%。而全民企业和集体企业产值增长率分别为16.97%和9.22%，二者累计占工业总产值的比重仅为37.50%[10]。

20世纪90年代，港澳台投资工业经济产值占比高达53.72%，对工业产值的贡献超过一半，外商投资工业经济产值占比达30.16%，二者合占83.88%。而内资工业经济产值占比仅为16.03%。工业经济以电子为主，资金以外资为主，产品以外销为主的外向型发展模式走向成熟[11]。进入21世纪，深圳对外开放程度不断加大，发展环境持续优化，且利用外资水平稳步提升，港澳台投资工业企业产值占比下降，内资工业企业产值占比上升，外商投资工业企业产值占比显著增加(图6.1)。

之后，伴随着经济全球化和国际产业资本的大规模转移，深圳在引进港资、外资的基础上，吸引了一大批世界跨国公司在深圳建立生产制造基地，使深圳成为珠三角世界工厂的主体部分，成就了深圳制造。内资企业在工业发展中的作用越发明显。港澳台与外商投资企业的产值占比进一步下降（图6.2）。

---

9 金心异. 深圳转型：城市治理模式的革命[M]. 深圳：海天出版社，2010：128.
10 孟建民. 深圳四十年：产业与城市[M]. 北京：中国建筑工业出版社，2019：18.
11 孟建民. 深圳四十年：产业与城市[M]. 北京：中国建筑工业出版社，2019：21.

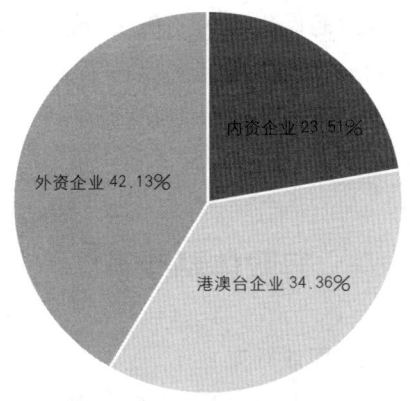

图 6.1 21 世纪初按经济类型划分工业产值

资料来源：孟建民．深圳四十年：产业与城市［M］．北京：中国建筑工业出版社，2019：18．

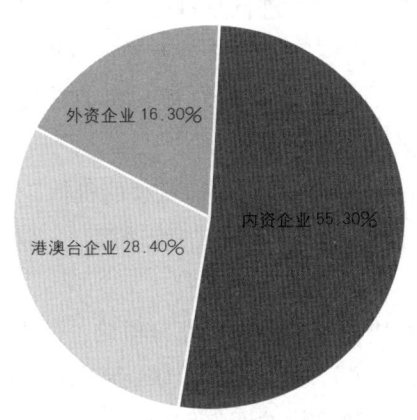

图 6.2 21 世纪第二个十年按经济类型划分工业产值

资料来源：孟建民．深圳四十年：产业与城市［M］．北京：中国建筑工业出版社，2019：31．

  1983 年特区农村出现了股份合作经济，即以征地费为集体资金，发动农民集资入股，发展农工贸并举的经济实体。深圳最早的农村股份合作制企业为沙头角群利股份公司。经过多年发展，农村股份合作制已成为深圳市经济结构的重要组成部分，且形式多种多样。一般来说，集体股份公司大部分采取村集体持股 51%，大量的原本土居民散户持有剩余 49% 的模式。2004 年，深圳成为中国第一座彻底没有农村的城市。然而，集体企业仍然行使住房和工业园区的土地使用权。

行政体制改革

1. 机构改革与政府职能转变

围绕市场经济、对外开放，提升城市综合竞争力，深圳从精简机构、简政放权、加强宏观调控、缩减行政审批事项和依法行政，建设服务型政府等方面，率先、持续不断地进行了一系列行政体制改革。

1981年，深圳市政府推进行政机构改革，党政分开，政商分开，撤销工业局、商务局、物资局等18个专业经济管理局，精简机构和人员。市属部委办局由原来的65个减到33个，机关行政人员由原来的2237人减到867人，减少61%。

1984年，撤销市委内部与市政府重叠的机构，规范简化政府职责，加强计划、财政、银行、审计等经济管理部门，以强化政府的宏观调控职能。

1986年，加强协调机构、强化监督机构、减少领导层级、便捷办事程序。将原有的三级管理体制改革为二级管理体制。

1988年，把对党政机构的调整作为政治体制改革的切入点，撤销市委部门中与政府职能重复的机构。

1992年，改革重点是加强宏观调控，理顺关系。加强党的领导，理顺党政关系；转变政府对企业的微观干预，理顺政企关系；转变对事业单位的管理职能，理顺政事关系；调整党政机关部门之间职能配置，理顺其相互关系；进一步划分市与区（县）的职能，理顺市与区（县）的关系；进一步发展社会中介组织，完善社会自我管理机制。改革后市政府工作部门调整为40个，市委工作机构调整为8个，群团组织调整为5个。

1996年，坚持政事分开、社会化和分类管理的原则，采取逐步推进工资总额包干，住房、社会保险优惠，人员分流，保留离退休人员的经费供给渠道等一系列配套措施，积极稳妥地推进事业单位的机构改革。

2009年，深圳从"转变政府职能，完善管理体制"出发，按照职能有机统一原则，整合政府机构，优化政务流程，实现政府职能、机构与人员合理配置，进行了新一轮的"大部门制"机构改革。这次改革一次性削减了15个政府工作部门，精简了1/3的机构，并按照"委办局"分设的原则重新调整了政府架构。同时根据政府决策、执行、监督既相互制约又相互协调的要求，重新组建了7个委员会、18个执行局和6个办公室。

2015年，深圳出台简政放权新方案，要求深入推进行政审批改革、权责清单改革、商事制度改革等八大领域改革。在医疗、教育、就业和社会保险等领域，试点推进部分公共服务事项的同城通办，就近办理，一证通办。

2016年，深圳推行多项简政放权新举措，率先推行机关、群团和事业单位多证合一、一证一码改革（表6.1）。

表6.1 深圳历次行政机构改革主要内容

改革时间	改革内容
1981—1982	撤销了一批专业经济管理机构，实行简政放权
1983	继续加强政府的宏观调控职能，进一步政企分开，划清职责权限，完善大系统管理的特区经济管理体系，建立健全决策咨询体系，形成了"四委五办"的政府架构
1987	将政府的行政机构由原来的三级管理（市、委办、局）改为二级管理（市、委办局），形成了综合管理、行业管理和资产管理三大管理系统，大系统管理体制形成
1988	把对党政机构的调整作为政治体制改革的切入点，撤销市委部门中与政府职能重复的机构
1993	完成市直党政群机关"三定"（定部门职责、定内设机构、定人员编制）
2001	将政府机构重新分为综合与经济管理部门、执法监管部门、社会管理部门和政务部门、赋予行政职能的事业单位和开发区管理机构五大类
2004	行政权在决策、执行、监督三者实现协调和分离

续表 6.1

改革时间	改革内容
2009	大部门制改革推进政事分开、管办分开，深化事业单位人事、社会保障、收入分配制度改革，开展了事业单位法定机构改革试点，市一级政府共设立31个部门
2019	统筹深化人大、政协和群团组织改革，推进承担行政职能事业单位改革，深化综合行政执法改革，深入推进基层政权建设和审批服务便民化改革

资料来源：吴定海.深圳密码：迈向社会主义现代化强国的城市范例[M].北京：中国社会科学出版社，2020：269.

另外，实施"强区放权"改革计划，全面下放审批管理权、驻区机构管理权、人财物配置权"三种权力"。统筹推进财政体制和政府投资事权、市区职能调整等改革，增强市级决策统筹和区级执行落实能力，实现重点下移、财力下沉、权责匹配、效能提升。自2015年以来，取消和下放的行政职权超过百项，有效提升了市内事务的管理水平。

2．法治政府建设与审批制度改革

1992年，全国人大赋予深圳特区以相对独立的立法权，特区可以根据实际情况进行立法，以解决经济发展以及社会管理中遇到的问题。1998年，深圳市提出向新加坡学习的两个重要目标：建设园林城市和社会主义法治示范城市。2008年11月，国务院法制办与深圳市政府签订了《关于推进深圳市加快建设法治政府的合作协议》，并制定《深圳市法治政府建设考评指标体系》。这是国内首个法治政府指标体系。2013年，中央批复"前海深港现代服务业合作区"为"中国特色社会主义法治示范区"。2018年12月，深圳召开建设法治中国示范城市工作会议，全面部署《法治中国示范城市建设实施纲要（2017—2020）》，提出到2020年，深圳要基本建成法治中国的示范城市。2019年8月，《中共中央 国务院关于支持深圳建设中国特色社会主义先行示范区的意见》出台，要求深圳"率先营造彰显公平正义的民主法治城市"。

1992年深圳拥有特区立法权以后，先后出台了200多项地方性法规，成为中国地方立法最多的城市，其中属于先行先试的立法近110件。

40年来，深圳创造了诸多立法第一：第一部针对公司立法、第一部物业管理立法、第一部企业欠薪立法、第一部政府采购立法、第一部无偿献血立法、第一部义工立法、第一部改革创新立法、第一部碳交易立法。

深圳着力打造一个行政审批最简单、政务服务最优的城市。

深圳在1997年就率先进行审批制度改革。近20年来，先后进行了7轮审批制度改革，不断推动商事登记制度改革、简化登记手续、降低市场准入门槛，激发市场活力。2014年，深圳在市区街三级全面启动清理行政职权、编制权责清单制度。2017—2018年，深圳在简政放权、深化行政审批改革方面持续发力，提出重点在外商投资、科技创新、人才服务、教育医疗、创新社会管理和公共服务方式等领域，清理阻碍创业创新的审批事项。通过深化行政审批制度改革，再精减一批行政职权事项，推进投资项目"多审合一、多评合一"。

3．政府与社会

深圳经济发达，社会结构多元，市民素质高，民主法制意识强。多年来，深圳在加强社会建设、创新社会管理上不断探索，勇于创新，将社区治理、加快培育发展和规范社会组织作为社会建设的重心。单独设立社区工作站，负责社区行政管理事务，配合政府部门在社区开展工作；设立社区服务中心，负责社区公共服务，承接政府购买的社区社区服务项目；居委会不再承担社区行政管理和公共事务，而是专门负责社区自治和公益活动。

自2004年起，行业协会民间化改革，引入行业协会竞争机制，探索一业多会，行业协会直接登记。社会组织直接登记：工商经济类、社会福利类、慈善公益类、社会服务类、文娱类、科技类、体育类和生态环境类直接登记。深圳还率先通过政府采购、定向委托等方式向社会组织购买服务，将政府承担的部分社会管理和公共服务转移给民间组织，并引入第三方专业机构监督机制。

一个现代化大都市的雏形

到1995年,深圳全市常住人口规模已达400万人,国内生产总值位居全国各大城市第七位。外贸进出口总额多年位居全国各大城市之首。从第九个五年(1996—2000)规划开始,深圳将实现传统的现代化梦想转变成为实现可持续发展、高新技术支撑下的现代大都市的追求[12]。深圳不仅要成为经济特区发展的代表,也要成为城市改造升级的典范。

1995—1996年,深圳市政府面向未来、面向国际,重新编制城市总体规划,提出要把深圳打造成一个现代化经济特区和国际化城市。1996年编制完成的《深圳市城市总体规划》(1996—2010)确定深圳的城市性质为:"现代产业协调发展的综合性经济特区,珠江三角洲地区重要的经济中心城市,现代化的国际性城市。"规划第一次将城市规划范围由特区拓展到整个市域,确立了以特区为核心,东、中、西三条放射发展轴为基本骨架,轴带结合、梯度推进的网状组群式空间结构,为深圳搭建了特区内外一体、城乡统筹发展的空间格局。1995—2000年,深圳投资521亿元加强城市基础设施建设,这在当时、在全国各大城市中都是很少见的。

经济特区建立之前,深圳所在的宝安县是一个不折不扣的农业县,分布着上千的村落。在特区经济与城市快速发展的背景下,一些原来的村庄被保留下来,变成了今天的"城中村"。起初"城中村"单独发展,市政不参与规划、设计和建筑审批、质量控制、财产登记或其他任何监管程序的管理。作为转型的一部分,农村集体经济通过重组为股份制公司,负责建设和维护基础设施,提供水、电、气和公共安全服务。因此,深圳是当代中国农村与城市混杂共生的最典型例子,城乡间没有明确的界限。这些城市发展规划之外的城中飞地与城市规划下发展起来的城区犬牙交错,构成深圳多元组合的城市特点,形成

---

12 马立安. 向深圳学习[M]. 深圳:海天出版社,2020:21.

一道奇特的城市景观[13]。

深圳的"城中村"作为特区中的"特区",既具有乡镇的某些特权,又具有城市发展的活力,利用乡镇自身拥有的自主权,通过合法与不合法的手段在城市化过程中发展壮大,在城市发展过程中发挥着重要的作用[14],既帮助城市发展解决了一些问题,也为城市迅速发展添加了障碍。

深圳经济和城市化的高速发展,给原村民参与城市化、分享城市化的受益提供了机会,主要表现为廉租屋市场的形成。由于在土地及房地产市场,政府完全放弃了低端住宅和廉租房、公租房建设,"城中村"成为非户籍蓝领人群、初来深圳的一些白领的居住地。2015年1月,深圳约有50%的人口居住在"城中村"。"城中村"基础设施缺失、公共配套缺乏、脏乱差等问题突出,存在诸多安全隐患。

庞大的租房需求客观上又推动深圳"城中村"违法建筑的兴起,造成深圳房屋建筑面积有一半左右为违规违章的违法建筑,使深圳成为全国违法建筑最为集中的特大城市[15]。资料显示,2011年年底,深圳小产权房违法建筑达到37.94万栋,建筑面积达4.05亿平方米,占了深圳总建筑面积的49.27%。而深圳市原农村集体经济组织共占用约390平方千米的土地,其中仅有95平方千米为合法用地[16]。

1986年,政府试图通过限制建筑高度与减小房屋面积来控制私搭乱建。根据深圳初期法规,不论宅基地以及相关的附属建筑地处何处,建筑总面积必须限制在240平方米之内。1999年,这一面积增加到480平方米。2001年,政府调整策略,如果家庭能够缴纳罚款并同意按合同规定将土地性质从农村用地变更为城市用地,政府将承认其合法性。2004年开展清理行动,整顿42个"城中村",取缔村民非法建筑。

---

13 马立安. 向深圳学习[M]. 深圳:海天出版社,2020:237.
14 马立安. 向深圳学习[M]. 深圳:海天出版社,2020:13.
15 张思平. 深圳奇迹:深圳与中国改革开放四十年[M]. 北京:中信出版集团,2019:189.
16 陶一桃. 深圳:改革创新之路[M]. 北京:中国社会科学出版社,2020:125.

第 7 章　世纪之交的城市转型

特区不特

1981 年 7 月，中共中央、国务院在批转《广东、福建两省和经济特区工作会议纪要》中明确："海关对特区进口货物、物品，要给予特殊的关税优惠。……凡经批准进口供特区使用的生产资料和消费资料，除烟、酒按最低税率减半征税，少量物品照章征税外，其他均免征关税。特区运往内地的货物、物品，应按一般进口的规定征税。"所得税方面，当地企业所适用的税率仅为 15%，而其他地区则为 25%。外资企业自首次获利年度起，可以享受"两免三减半"的政策[1]。

1992 年，中国共产党第十四次全国代表大会确立了建立社会主义市场经济体制的改革目标。1994 年，胡鞍钢上书中央，提出在全国发展市场经济条件下，调整对经济特区的政策，取消各种减免税和优惠政策，以利于缩小地区差别。胡鞍钢的主张遭到了深圳方面的激烈反对，但事实上中央的确调整了前期特区拥有的一些优惠政策。因此有人认为自"特区不特"之争开始，深圳特区其实已名存实亡。

进入 21 世纪，中国加入世贸组织，深圳特区原先所拥有的政策优势进一步削弱。2001 年，在深圳经济特区建立 20 周年庆祝大会上，时任国务院总理的朱镕基在答香港记者问时，明确指出"现在特区已经不'特'了，已经没有什么特别优惠的政策了，全中国都是一样的"[2]。为更有利于市场经济在全国的健康发展，朱镕基表示，国家决定"不按地区来优惠，而是按产业来优惠。对需要发展的一些产业，如高新技术产业，我们会采取优惠政策，不管它们在什么地方都一样"[3]。

---

1 张军. 深圳奇迹 [M]. 北京：东方出版社，2019：141.
2 朱镕基答记者问 [M]. 北京：人民出版社，2009：397.
3 朱镕基答记者问 [M]. 北京：人民出版社，2009：397.

2007年颁布的《企业所得税法》规定,内外资企业所得税统一按25%税率征收,但经济特区和上海浦东新区内设立的国家重点扶持的高新技术企业可以享受过渡性优惠。

作为中国市场经济的试验场以及对外开放的窗口,随着中国市场经济的建立以及对外开放的深入,深圳在中国改革开放中的地位似大不如从前。2002年一篇雄文《深圳,你被谁抛弃》引起轩然大波。

没有了政策优势,又受制于经济地理条件,深圳在市场竞争中似乎处于越来越不利的地位。2002年9月平安保险于上海宣布,将在陆家嘴金融贸易区投资20亿元建造平安金融大厦,平安保险的核心业务部门迁往上海。市场传言在深圳本土发展起来的两大高科技企业中兴和华为拟把总部迁往上海。招商银行总部迁址上海一事则在全面论证之中。全球500强之首的沃尔玛将会把采购总部由深圳北迁到上海。深圳作为曾经创造了诸多奇迹的经济特区,中国改革开放的前沿阵地,中国最具活力的城市,一时间黯然失色。

2002年年末,一位长期从事金融证券研究与企业资本运营策划,出于对深圳的热爱,对深圳"爱之深、责之切",名叫呙中校的人,由于看到深圳当时人才外流,著名企业向长江三角洲转移的情景,感到经济特区优势正在渐渐失去,以"我为伊狂"为网名,分别在人民网"强国论坛"和新华网"发展论坛"上发表万字长文《深圳,你被谁抛弃》,内容为:深沪之争为什么受伤的总是我;高新产业为什么硅谷这么遥远,深圳发展高新技术产业的尴尬状态;深圳之痛为什么爱你并不容易;我说机关为什么改革如此艰难,已然没有当年那种"敢为天下先"的气魄;深港合作为什么牵手总不容易;特区是非为什么争论总是不断;时光轮回为什么历史如此相似。认为以前的问题没有得到根本解决,相反在经济的快速发展过程中越积越多,越积越深。这篇网文经2003年《南方都市报》报道后在深圳乃至全国引起极大的反响,也更引起深圳市长的关注,促成了市长与作者的会面。《深圳,你被谁抛弃》在深圳引发了一场关于深圳未来的大讨论,深圳市政府及市民进行了全面的审视和反思,希望借此全面改变现实,开辟深圳发展的新篇章。

现代产业体系

不过，这一时期，即所谓"特区不特"的时代，深圳的城市规模和经济体量仍实现了跨越式发展。2000年，深圳GDP首次突破2000亿元人民币。2001年，深圳确立高新技术产业、现代金融业和现代物流业三大支柱产业，发布了《中共深圳市委关于加快发展高新技术产业的决定》，这是继"旧22条"之后，深圳领导层在发展高新技术产业方面又一个里程碑式的重要文件，提出了更加明晰的发展思路，对高新技术产业向更高层次迈进是一个有力的推进，产生了广泛的影响[4]（表7.1）。

表7.1 1991—2018年深圳高新技术产业发展情况

年份	高新技术产品产值（亿元）
1991	22.9
1998	655.18
2004	3266.52
2010	10176.19
2018	23871.71

资料来源：吴定海. 深圳密码：迈向社会主义现代化强国的城市范例[M]. 北京：中国社会科学出版社，2020：122.

深圳的金融业很早就开始发展。1985年12月，全国第一家外汇调剂中心——深圳外汇调剂中心成立。此后，招商银行、中国平安等公司相继在20世纪80年代成立。1991年，深圳证券交易所正式开业。经历了2000—2004年的新股停发阶段，2004年，深交所启动中小企业板，创业板也在2009年正式开市。

1988年，深圳就提出建设区域性金融中心的可能性。1992年，深圳提出建设区域性金融中心目标。1996年，深圳将区域性金融中心正

---

[4] 乐正. 深圳的国际科技产业创新之路[M]. 深圳：海天出版社，2019：59.

式写入五年规划。2011年,深圳"十二五"规划提出建设全国金融中心。2016年,深圳"十三五"规划提出建设国际化金融中心(表7.2)。

表7.2 1979—2018年深圳金融业增加值占GDP比重

年份	金融业增加值(亿元)	金融业增加值占GDP比重(%)	年份	金融业增加值(亿元)	金融业增加值占GDP比重(%)
1979	0.19	8.1%	1999	196.5	10.9%
1980	0.23	8.6%	2000	221.54	10.1%
1981	0.39	7.8%	2001	239.32	9.6%
1982	0.63	7.6%	2002	248.72	8.4%
1983	1.12	8.5%	2003	262.08	7.3%
1984	2.29	9.8%	2004	273.08	6.3%
1985	4.65	11.9%	2005	305.68	6.1%
1986	5.06	12.1%	2006	462.67	7.8%
1987	6.3	11.3%	2007	765.7	11.1%
1988	11.95	13.7%	2008	969.36	12.2%
1989	15.09	13%	2009	1110.62	13%
1990	24.02	14%	2010	1300.58	13.2%
1991	26.69	11.3%	2011	1563.63	13.3%
1992	33.25	10.5%	2012	1721.12	12.9%
1993	40.59	8.9%	2013	1951	13%
1994	59.63	9.4%	2014	2194.93	13.3%
1995	88.79	10.5%	2015	2501.57	13.9%
1996	111.84	10.7%	2016	2810.73	14%
1997	156.25	12%	2017	3059.98	13.6%
1998	180.97	11.8%	2018	3067.21	17.2%

资料来源:吴定海.深圳密码:迈向社会主义现代化强国的城市范例[M].北京:中国社会科学出版社,2020:143.

深圳金融业发展迅速,区域影响力不断提高,全国性金融中心地位日益巩固,金融中心综合竞争力位居全国第三,仅次于上海和北京。

特区建立之初,受港台影响,深圳娱乐业逐渐发展起来。此后、工艺美术、动画、印刷以及平面设计一度在国内占据领先地位。随着深圳高科技发展,动漫、网络游戏、数字视听业以及工业设计发展迅速,涌现出一批文化科技龙头企业。2005年,深圳文化产业成为其第四支柱产业。

区域创新体系

从 20 世纪 90 年代中期开始，深圳经济从加工贸易转向模仿性创新时代，即所谓"山寨现象"或"山寨经济"。"山寨经济"起自手机行业，之后蔓延到其他行业领域。进入 21 世纪，深圳发展遇到瓶颈，表现为"四个难以为继"：一是土地空间难以为继，剩余可开发用地 200 多平方千米，按照传统的速度、模式很难继续维持；二是水资源难以为继，深圳水电资源主要由异地输入，在供给不变的条件下，按当时的消耗水平，水电资源无法支撑更大规模的经济增长；三是劳动力资源承载力难以为继，当时城市基础设施已捉襟见肘，医疗、教育等长期紧张运行；四是环境资源难以为继，大气持续恶化，河流普遍污染，"大城市病"开始发作。即使其引以为自豪的高新技术产业，虽然有一半以上规模的产品具有知识产权，但缺少核心技术、关键技术[5]。

2004 年，深圳发布《关于完善区域创新体系，加快高新技术产业持续快速发展的决定》，提出把区域创新体系与高新技术产业发展结合起来，建设高新技术公共技术平台，完善高新技术产业链，培育高科技产业孵化体系，拓展高新技术发展空间。通过加快人才培养、弘扬创业文化、推动产学研结合、加强科技信息网建设，营造创新环境。另外，整合财政资金，支持重点领域和产业发展，以及鼓励高新技术企业采用管理股、政府对创业投资予以匹配等。

2006 年，《中共深圳市委 深圳市人民政府关于实施自主创新战略，建设国家创新型城市的决定》提出："深圳正处在一个重要的战略转型期，面对新的历史机遇以及土地、资源、环境、人口四个难以为继的制约，必须不失时机地把自主创新从科技发展战略、产业发展战略进一步提升为城市发展的主导战略，大大增强城市持续创新能力和核心竞争力，塑造自主创新的城市之魂，这是深圳从国家战略和城市兴衰高度出发作出的必然选择。"

---

5 南岭. 深圳产业政策 40 年［M］. 北京：中国社会科学出版社，2020：204.

现代化、国际化大都市

早在 20 世纪 80 年代中期，深圳城市规模的迅速扩大超出了所有人的想象，因此，新中心区的选址建设成为政府的一件大事。政府不惜花费巨大代价，从港商手中收回了当时城区西侧莲花山以南的一片土地，计划将其打造成为深圳未来的城市中心区。规划中的福田中心区面积约 4 平方千米，城市的主轴线深南大道横贯其中，其北侧为行政文化中心，包括市政府所在地——市民中心以及音乐厅、图书馆、青少年宫、电视转播中心等大型公共建筑；南侧为中心商务区，包括会展中心以及大型商务办公楼。福田中心区自 20 世纪 90 年代后期开始大规模开发建设。由于深圳 90 年代经济水平大大提高，政府主导建设福田中心区的财政实力增强，规划设计思想更加超前，福田中心区的硬件环境建设水平跨上新台阶[6]。福田中心区建成后，成为深圳的行政文化中心、金融贸易中心和交通枢纽中心，以及深圳现代化国际城市的象征。

20 世纪末，深圳关外的大部分地区已没有农业。2003—2004 年，深圳启动"关外城市化，关内关外一体化"进程。2003 年，发布《关于加快宝安龙岗两区城市化进程的意见》，深圳关外两区 18 个镇 218 个自然村共 27 万名农民转为城市居民，在社会保障、教育、就业等方面享受市民待遇，镇村两级政权改造为街道办和居委会，而原有的集体经济组织则陆续改组为股份合作公司。2004 年之后，深圳成为国内首个消灭乡村的城市。

深圳是在全球经济一体化与中国对外开放中发展起来的。早在 1989 年的《深圳发展策略》中，深圳就提出建设现代化国际性城市，这成为深圳不变的发展战略目标。如在《深圳市国民经济和社会发展十年规划和第八个五年计划纲要》中提出要"把深圳建成以先进工业为基础，第三产业为支柱，农业现代化水平较高，科学技术比较先进

---

6 陈一新. 深圳福田中心区（CBD）城市规划建设三十年历史研究（1980—2010）[M]. 南京：东南大学出版社，2015：2.

的综合性经济特区和外向型、多功能的国际性城市,成为经济繁荣、社会全面进步的社会主义窗口"。"九五"计划提出要把"深圳建设成经济发达、文化繁荣、环境优美、治安良好、生活质量较高、管理一流的社会主义现代化的国际性城市"。"十五"计划提出深圳要"努力建设区域性经济中心城市,高科技城市,园林式花园式的现代化国际性城市"。"十一五"计划提出建设亚太地区有重要影响的国际高科技城市、国际物流枢纽城市、国际金融贸易和会展中心、国际文化信息交流中心和国际旅游城市,用 15 年左右的时间,在率先基本实现社会主义现代化的基础上,把深圳建设成为重要的区域性国际化城市。2011 年深圳发布《深圳推进国际化城市建设行动纲要》,提出以中国香港以及新加坡、首尔等城市为目标,大力发展创新金融、高新技术、国际物流、文化创意等优势产业,成为东南亚地区的明星城市,亚太地区有重要影响力的区域性国际化城市(2011—2020 年)。

第 8 章　创新与可持续发展

特区一体化与城市更新

1980 年,深圳经济特区成立,随后建立了特区与非特区分界线。分界线原规划长度 84.6 千米,实际建成后长达 90.2 千米,由混凝土界桩和高 3 米的铁丝网组成,东起大鹏湾畔背仔角,西至南头安乐村。这条分界线被很多深圳人称为"二线关"。建立"二线关"主要出于政治上的考虑:保证特区的改革不冲击到内地,缓和内地对改革开放试验的不理解情绪。经济上也有较为特殊的安排:凡经批准进口供特区使用的生产品和消费品,可享受低税率或免征关税[1]。

"二线关"将深圳分为关内和关外。长期以来,深圳的第三产业、总部经济、高端产业大多集中在关内,关内是高楼林立的现代城市,关外则侧重于"三来一补"、加工贸易、村办工业园区等低端产业,在教育、医疗卫生、城市基础设施等方面与关内存在明显差距。特区内外发展不平衡问题成为深圳发展的突出问题。

自 2010 年深圳经济特区范围扩大到全市以来,深圳市政府制定了"三步走"战略,计划用十年时间基本实现经济特区一体化。在《深圳经济特区一体化发展总体思路和工作方案》中明确提出"加快教育、卫生、交通、文化、保障性住房以及社区公共设施、社会福利设施等方面的建设,促进社会事业发展和基本公共服务均等化,尽快缩小地区差别",全面推进"法规政策、规划布局、基础设施、管理体制、环境保护、基本公共服务"六个一体化。从 2010 年开始,深圳先后实施 2010—2012 年、2013—2015 年两轮《深圳经济特区一体化建设三年实施计划》:2010—2012 年,计划投资 2789 亿元用于原特区外地区基础设施建设;2013—2015 年,计划将全市总投资的 70% 左右用于基

---

1 张军. 深圳奇迹[M]. 北京:东方出版社,2019:160.

础设施和公共服务。

2017年，在前两轮实施计划的基础上，深圳市制定出台了《深圳经济特区一体化建设攻坚计划（2017—2020）》，提出深圳将进一步加大政策、资源等向原特区外地区的倾斜力度，加快提升原特区外地区城市建设软硬件水平，2020年基本实现深圳特区一体化。《攻坚计划》从六个方面对推进特区一体化作出了部署，即以新型城镇化统筹推进城市功能布局一体化、以国际化先进城市标志推动基础设施一体化、以补齐民生短板推动基本公共服务一体化、以最严格监管推进城市安全保障一体化、以建设美丽深圳推动环境保护一体化、以深化供给侧结构性改革推动管理体制一体化（表8.1）。

表8.1 深圳经济特区一体化建设规划指标

指标 \ 年份	2010	2012	2015（规划）	2015（实际）	2020
建设用地范围内次干道以上路网密度（千米/平方千米）	2.2	2.7	3.2	3.0	3.3
500米公交站点覆盖率	78%	90%	92%	93%	95%
累计新增污水管网（千米）	—	—	600	—	4052
城镇污水处理率	64%	70%	—	93%	98%
燃气管网覆盖率	16%	30%	55%	64.7%	74.7%
生活垃圾无害化处理率	65%	90%	94%	93%	98%
人均公共绿地面积（平方米）	11.6	13	14.2		
建成区绿化覆盖率	42%	46%	—		
总体学位（人/千人）	78	90	110	115	120
每千人口病床数	1.8	2.5	2.4	2.66	4.0
人均公共体育用地面积（平方米）	0.86	1.0	1.05	1.4	1.6
空气质量指数（AQI）	—		80%		
无限宽带网络覆盖率	—		90%		
每万人暴力案件立案数（件）		12.2	11.5		
每万人八类刑事案件立案数（件）					<4.5
光纤入户率				38%	88%

资料来源：陈少兵．深圳：社会建设之路 [M]．北京：中国社会科学出版社，2018：19.

2007年，深圳开始全面推进城市更新工作。2009年，深圳颁布《深圳市城市更新办法》，这是国内首部系统、全面规范城市更新活动的规章，实现了以"城中村"和旧工业区改造为主向全面城市更新的跨越。该规章规定了"拆除重建""功能改变""综合整治"三类更新模式，更新范围覆盖旧工业区、旧商业区、旧住宅区、"城中村"及旧屋村，强调遵循"政府引导、市场运作、公众参与"原则，优先保障以政府诉求为代表的公共利益，将公共利益用地与城市更新项目捆绑，采用"20—15"原则获取一定土地；充分保障以实施主体为代表的市场利益，通过获得开发建设用地、改变建筑功能、提高容积率等形式做大"利益蛋糕"；切实保障以原业主为代表的个体利益，通过民主协商的方式，确定实施主体和原业主之间的利益分配[2]。

2012年，深圳对历史用地处置、地价计收等进行了政策创新。在历史遗留用地处置上，针对合法产权用地面积与历史遗留用地面积比例大于7∶3的城市更新项目，对其历史遗留用地按照20%纳入政府土地储备、其余80%交由原农村集体进行开发的方式实施处置。2013年，深圳原农村集体经济组织继受单位符合规划的产业用地可进入全市统一土地市场。土地收益分配方案有两种：一是所得收益50%纳入市国土基金，50%归原农村集体经济组织继受单位；二是所得收益70%纳入市国土基金，原农村集体经济组织继受单位获得30%的所得收益，并可在成交后继续持有不超过总建筑面积20%的物业用于产业配套[3]。

---

2 唐杰. 深圳生长：土地与城市更新［M］. 北京：北京大学出版社，2021：072.
3 陶一桃. 深圳：改革创新之路［M］. 北京：中国社会科学出版社，2020：129.

创新型城市

引领改革开放潮流的深圳，其市场化程度较高，外向型经济特征明显，2008年国际金融危机爆发后，深圳成为受冲击最严重的城市之一。首先冲击的是从事加工贸易的中小企业，随后波及金融业和物流业——大量人口失业，深圳市人口在短时期内减少高达450万，占全市总人口约1/3[4]。

此后，深圳加快了创新驱动的步伐。2008年6月，国家发改委批准深圳为创建国家创新型城市试点，深圳发布《关于加快建设国家创新型城市的若干意见》《深圳国家创新型城市总体规划（2008—2015）》。2010年，中共深圳第五次党代会提出"成为首个国家创新型城市"的目标。2012年，《关于努力建设国家自主创新示范区，实现创新驱动发展的决定》发布。2014年，深圳成为首个以城市为基本单元的国家自主创新示范区。2015年，《深圳国家自主创新示范区发展规划纲要》发布，提出打造创新型产业集群。2018年，深圳颁布了《深圳经济特区国家自主创新示范区条例》。

深圳率先在全国构建了综合创新生态体系：（1）建立起产学研合作创新平台、新型科研机构，如深圳国际技术研究院、深圳光启研究院，以及科技创新重大基础设施，如国家超级计算深圳中心、大亚湾中微子实验室、国家基因库、诺贝尔科学家实验室。（2）促进国家甚至国际创新成果向深圳汇集，几乎所有国内著名大学和研究机构都在深圳设有研究开发机构，许多全球知名高科技企业均在深圳设立研发中心。（3）重点引进高层次人才。2010年，深圳启动实施"人才安居工程"，在内地率先将住房保障覆盖面由低收入群体扩展到各类人才以及非户籍常住人口。2011年4月，深圳出台《关于实施引进海外高层次人才"孔雀计划"的意见》，致力于引进海外高技术人才。纳入该项目的个人或单位，政府可提供奖励补贴、居留落户等待遇，

---

4 赵剑英. 深圳经验与中国特色社会主义道路［M］. 中国社会科学出版社，2020：104.

团队可获得的专项资助高达8000万元。2020年,出台《深圳市境外高端人才和紧缺人才2019年纳税年度个人所得税财政补贴申报指南》,符合条件的申请人可获个税补贴。(4)深圳本级财政科技专项资金增长,其中30%以上投向基础研究和应用基础研究。

如今深圳在5G技术、石墨烯太赫兹芯片、柔性显示、新能源汽车、无人机等多个新兴科技领域位居世界前列,涌现出了华为、中兴、光峰光电、华讯方舟、柔宇、优必进等一批优秀的创新型企业。经济学家张军认为,在世界技术创新的版图上,深圳不仅是中国的"创新之都",也在向世界级"创新之都"迈进。

战略性新兴产业与未来产业

2008年以后,深圳全力推进产业结构升级和优化,出台了《关于加强自主创新、促进高新技术产业发展的若干政策措施》,提出要发展新一代信息技术、互联网、新材料、生物、新能源、节能环保、文化创意产业等七大战略性新兴产业。2010年起,深圳相继颁布了生物、新能源、互联网三大新兴产业的振兴发展规划,之后又分别出台了新材料、新一代信息技术产业和文化创意产业等产业振兴发展规划。战略性新兴产业增加值从2009年的2 265.64亿元,提高到2015年的7 205.40亿元和2018年的9 155.18亿元;占全市生产总值的比重则从2009年的26.7%,提升至2015年的40.0%和2018年的37.8%[5](表8.2—表8.4)。

---

5 吴定海. 深圳密码:迈向社会主义现代化强国的城市范例[M]. 北京:中国社会科学出版社,2020:141.

表 8.2　2014—2016 年深圳战略性新兴产业增加值和增速

产业	2016 年		2015 年		2014 年	
	增加值（亿元）	增速	增加值（亿元）	增速	增加值（亿元）	增速
新一代信息技术产业	4052.33	9.60%	3173.07	19.10%	2569.8	14.00%
文化创意产业	1949.7	11.00%	1757.14	13.10%	1553.64	15.60%
互联网产业	767.5	15.30%	756.06	19.30%	576.44	15.50%
新能源产业	592.25	29.30%	405.87	10.10%	368.55	9.70%
新材料产业	373.4	19.60%	329.24	11.30%	383.98	7.10%
节能环保产业	401.73	8.20%	327.42	12.00%		
生物产业	222.36	13.40%	254.68	12.40%	242.83	6.40%

资料来源：王苏生．深圳　科技创新之路［M］．北京：中国社会科学出版社，2020：193．

表 8.3　2018 年深圳战略性新兴产业的行业结构及增加值

	行业	增加（亿元）	比重（%）
01	新一代信息技术	4772.02	52.12%
02	数字经济	1240.73	13.55%
03	高端装备制造	1065.82	11.64%
04	绿色低碳	990.73	10.82%
05	海洋经济	421.69	4.61%
06	新材料	365.61	3.99%
07	生物医药	298.58	3.26%
合计	战略性新兴产业	9155.18	100%

资料来源：谭刚．粤港澳大湾区核心引擎的深圳探索［M］．北京：中国社会科学出版社，2020：115．

2013 年，深圳先后将生命健康、海洋经济、航空航天、智能装备等列为未来重点发展产业（表 8.4）。

表 8.4　2016 年深圳四大未来产业增加值和增速

	增加值（亿元）	增速
机器人、可穿戴设备和智能装备产业	486.42	20.2%
航空航天产业	84.68	5.8%
生命健康产业	72.35	17.9%
海洋产业	382.83	9.0%

资料来源：王苏生．深圳　科技创新之路［M］．北京：中国社会科学出版社，2020：196．

可持续发展

深圳经济特区成立后,以加工贸易为主的劳动密集型产业发展起来,带来大量工业污染,深圳较早承受了环境压力。1998年6月,时任深圳市委书记张高丽提出,一定要让深圳的"天更蓝、地更绿、水更清"。自那时起,深圳在城市发展中将环境治理、美丽城市建设提到前所未有的高度。2005年,深圳提出建设生态市,推进生态文明建设,公布《深圳2030年城市发展策略》,提出建设全球可持续发展先锋城市的目标。2006年出台《深圳生态城市建设规划》,提出把深圳建设成为中国最具活力的生态城市典范。2007年《中共深圳市委、深圳市人民政府关于加强环境保护、建设生态市的决定》出台,确立了"生态立市"的城市发展战略。2008年,深圳成为首批国家生态文明建设试点地区,颁布《深圳生态文明建设行动纲要(2008—2010)》,作出建设生态市的战略部署。2014年,发布《中共深圳市委、深圳市人民政府关于推进生态文明、建设美丽深圳的决定》《关于推进生态文明、建设美丽深圳的实施方案》。2017年,制定《深圳市生态文明建设规划(2017—2020年)》。

为了推进生态文明,建设美丽深圳,深圳在体制、机制方面进行创新,成立了深圳市人居环境委员会。

深圳市人民代表大会常务委员会2009年颁布《深圳经济特区环境保护条例》。2005年,深圳颁布《深圳市基本生态控制线管理规定》和《深圳市基本生态控制线范围图》,将接近深圳一半的土地面积974.5平方千米的土地划入基本生态控制线,严格禁止开发和建设。深圳市于2007年出台了《关于大鹏半岛保护与开发综合补偿办法》,明确通过转移支付方式,对大鹏半岛原村民发放生态保护专项基本生活补贴,并不断提高标准。

综合运用市场与社会机制。深圳在中国率先开展碳排放权交易。目前深圳的碳交易市场已经成为中国碳交易最活跃的市场。推动环境污染第三方治理,如污水和垃圾处理设施,引入第三方投资、建设、运营。

倡导全社会力量共同参与，创新开展各类环境保护宣传教育活动，设立深圳市民环保奖，推动公众向生态化的生活方式转型。选拔民间河长，委托社会组织管理城市自然公园，如深圳福田红树林生态公园。

针对深圳生态环境中的主要问题，深圳启动实施了一些重大项目。

1. 大气环境、水环境

通过大气环境治理，深圳空气质量持续改善，2017年全市$PM_{2.5}$年均浓度28微克/立方米，2018年下降至26微克/立方米。深圳是全国空气质量最好的十大城市之一。一直以来，因城市高速发展，相关设施建设相对滞后，深圳市建成区水环境污染严重，水体黑臭现象较为普遍，近海地区污染加剧。从2016年起，深圳市围绕"一年初见成效、三年消除黑涝、五年基本达标、八年让碧水和蓝天共同成为深圳靓丽的城市名片"这一目标体系，实施"治水十策"和"十大行动"。

2. 调整产业与能源结构，发展循环经济

综合利用市场准入，水、电、气价格杠杆，加强监管等多种手段，加快淘汰低端产业、污染型和能耗型产业项目，清理低端产业园，万元国内生产总值能耗和水耗持续下降。2018年万元GDP能耗下降约20%，水耗下降约40%。

发展节能环保产业。2014年，《深圳节能环保产业振兴发展规划（2014—2020）》出台，正式将节能环保产业纳入全市战略性新兴产业。

优化能源消费结构，大力实施以优质清洁能源为主的新能源发展战略。截至2018年年底，深圳公交车已全面实现纯电动化，纯电动出租车占出租车总数比也达到94.21%。

发展循环经济。深圳从2004年起发展循环经济。2010年，深圳市人民政府与中华人民共和国住房和城乡建设部签署了《共建国家低碳生态示范市合作框架协议》，以深圳国际低碳城被列为中欧城镇化合作伙伴关系旗舰项目为标志，深圳已经成为城市低碳生态发展的先行者、示范者和推广者。

3. 生态保护

深圳非常重视生物多样性保护，建立自然保护区，强化海洋生态保护。深圳自然保护区面积有170平方千米，其中，深圳福田红树林自然保护区是中国唯一留在城市中心区的国家级自然保护区。深圳还构建了由区域绿道—城市绿道—社区绿道组成的三级绿道网络体系，郊野公园—城市公园—社区公园三级公园体系。

社会政策

作为经济特区，深圳创造了经济奇迹，在经济增长方面取得了巨大成功。但其社会发展落后于经济发展，从医疗到教育、住房建设等存在明显短板。进入21世纪后，深圳加快了社会建设步伐。从2007年开始，深圳在民生领域的财政投入逐年上升，民生支出占财政总支出的比例不断提高。深圳飞速的经济增长带来的物质财富积累，为民生领域支出的持续增加奠定了基础（图8.1）。

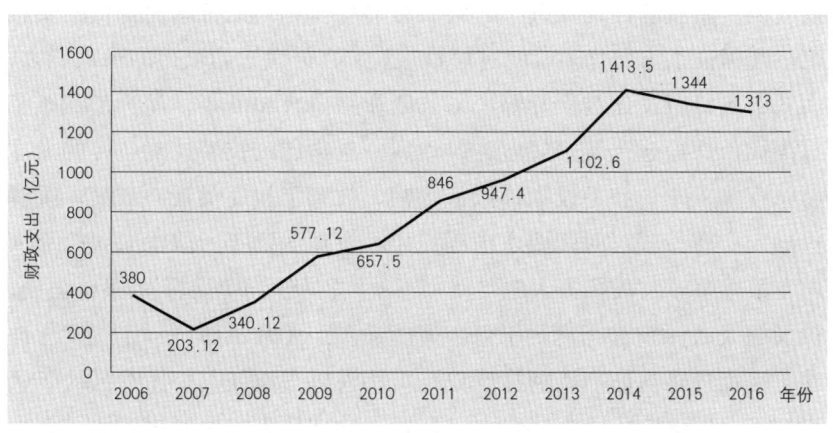

图 8.1 2002—2016 年深圳市主要民生领域的财政支出情况

资料来源：陈少兵．深圳：社会建设之路［M］．北京：中国社会科学出版社，2020：12．

1. 移民政策

积极推进基本公共服务全覆盖和均等化，在36个领域实现"同城人、同待遇"。

1979年,深圳市常住人口总量仅有31万人;到2017年,深圳常住人口已经发展到1253万人,其中绝大多数是来自国内各地及海外的移民。深圳市出现了户籍与非户籍人口比例倒挂现象。

20世纪90年代中期以来,深圳市开始户籍制度改革,加大对技术人员入户政策的倾斜力度,坚持技术技能优先的户籍迁入政策导向,创造了购房奖励入户指标蓝印户口、户口挂靠制度。

2000年以后,深圳降低入户门槛、拓宽入户渠道,有序放宽入户条件,稳步落实积分入户政策。2008年,深圳市出台《深圳市居住证暂行办法》,取代了先前的暂住证,赋予居住证持有者在一些社会福利和公共服务领域享有市民待遇的权利。2010年,实施积分入户制度,计分标准由个人素质、纳税情况、参保情况、居住情况、年龄情况、奖励加分和扣减分七部分组成,解决了有居住证且有合法稳定就业和住所地存量人口的入户问题。2015年,深圳颁布新版居住证条例,将居住年限、职业与社会保险等条件与基本公共服务挂钩,实行梯度赋权政策。新版居住证促进了公共服务的均衡化。先待遇后身份的实施策略既保证了市民化政策的有序推进,又充分考虑到城市的承载能力,为城市人口市民化过程开辟了一条创新路径。2016年,深圳市颁布了《深圳市户籍迁入若干规定》,达到一定学历或技术技能条件的人才可以直接入户,且不设指标数量限制。放宽了投靠类迁户政策,配偶投靠入户政策分居时间要求由满三年放宽至满两年;取消老人投靠入户政策中多子女投靠人入户"就小不就大、就近不就远"的条件限制,被投靠人入深户时间满8年可申请随迁。上述政策措施一定程度上改善了深圳户籍与非户籍倒挂现象,户籍人口占常住人口比例已从2000年的17.8%稳步升至2016年的34.0%,非户籍人口比例相应地从2000年的82.8%逐步降至2016年的66.0%[6]。

深圳是全中国最让非户籍人口感觉自己不是外地人的城市,因为

---

6 陈少兵. 深圳:社会建设之路[M]. 北京:中国社会科学出版社,2020:46.

非户籍与户籍的差异并没有其他特大城市那样明显。居住证持有者可以直接享有与户籍居民同等的公共服务权利（表 8.5）。

表 8.5 居住证与户籍在享受公共服务项目方面的差异

公共服务项目	居住证与户籍差异	仅户籍人口可享有的
义务教育入学	二者积分不同，各区具体政策略有差异	
基本医疗卫生服务（如预防接种、孕产妇保健、慢性病保健等）	无差异	
医疗保险	基本一致，缴纳档位略有差异	
人口和计划生育基本服务	基本一致	独生子女父母奖励、计划生育特殊家庭扶助和计划生育家庭奖励扶助
劳动就业公共服务	基本一致，且各区有针对外来务工人员的就业服务工作，政府用于外来务工人员的职业劳动技能培训奖金达到 1 亿元	
社会保障	职工基本养老保险、职工基本医疗保险、城镇居民基本医疗保险、失业保险、工伤保险和生育保险等 6 项一致	高龄老人津贴、城镇居民社会养老保险（针对非从业居民）
公共文化体育服务	无差别	
特定基本社会服务权益	有显著户籍差异	最低生活保障、居家养老服务补助、优待抚恤、重点优抚对象集中供养和退役军人安置
基本住房保障	符合条件的均可申请公共租赁住房轮候；符合条件的均可申请人才房	申请廉租住房
儿童青少年服务	基本一致；优惠乘车和免费接种疫苗全覆盖	非在校在园儿童的户籍儿童可办理少儿医保
老年人权利	有显著户籍差异；无论户籍，均可办理免费乘车证	敬老优待证（及相关服务）和社区居家养老服务
残疾人服务	有显著户籍差异	社会保险费补贴、基本医疗保障医疗康复项目、残疾人教育资助、残疾儿童抢救性康复、残疾人就业服务、残疾人特殊困难救济补助、肢体残疾人居家无障碍改造服务、残疾人住房保障优惠、残疾人辅助器具补贴、残疾人托养服务

资料来源：吴定海.深圳密码：迈向社会主义现代化强国的城市范例[M]. 北京：中国社会科学出版社，2020：159.

2. 深圳住房

1988年，深圳提出建立社会保障和市场商品房"双轨"，以及福利房、微利房、商品房三类住房供应体系，由政府负责建福利房，企业建微利房，开发商建商品房。在2000年前建成了27万套包括福利房和微利房在内的政策性住房。但2000年前后，受国家住房制度改革以及地方经济增长、财政收入等多重因素的影响，深圳对已经实行多年的住房制度改革进行了重大调整，基本取消了福利房、微利房政策，把社会所有阶层的住房需求都推向商品房市场。住房制度改革的重大调整，使商品房价格大幅上涨，2005—2015年，深圳房价整体上涨了7倍左右。据国际货币基金组织报告数据，2016年上半年深圳以38.6的房价收入比，列为全球大城市第一，成为全球"最难买得起楼"的城市。

2007年，深圳市人民政府发布《关于进一步促进我市住房保障工作的意见》，提出解决户籍低收入家庭的住房困难，改善非户籍常住地收入人口的住房条件，建立健全面向不同层次低收入户籍居民家庭的廉租住房、公共租赁住房、经济适用住房等保障性住房制度。2010年，颁布《深圳市住房保障条例》，启动实施"人才安居工程"——率先将住房保障覆盖面扩展到各类人才以及非户籍常住人口。2016年，建立深圳市人才安居集团。

截至2015年年底，由政府提供的政策性住房和保障性住房仅为42万套。按每户3口人计算，享受不同类别保障的群体126万人，与2015年深圳常住人口1 137.89万人相比，住房保障率仅达到11%。

2018年6月，深圳发布《深圳市人民政府关于深化住房制度改革加快建立多主体供给多渠道保障租购并举的住房供应与保障体系的意见》，明确表示深圳将构建多层次、差异化、全覆盖的住房供应与保障体系，通过市场商品房、人才安居型商品房、租赁房等三大类，满足不同人群的居住需求，同时探索建立先租后售、以租抵购制度，实施租赁并举，并计划到2035年，筹集建设各类住房170万套，其中人才住房、安居型商品房和公共租赁住房总量不少于100万套。

3. 深圳教育

在教育领域加大支出，补齐教育短板。深圳几乎每年的教育投入都在增加（图8.2）。

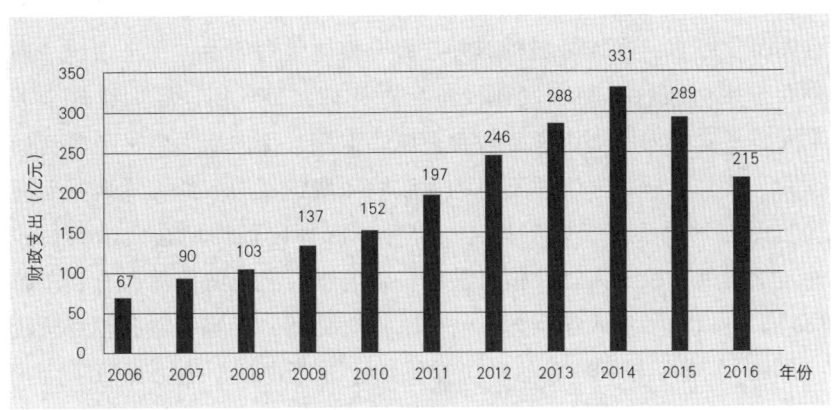

图8.2 2006—2016年深圳市教育财政支出

资料来源：陈少兵. 深圳：社会建设之路 [M]. 北京：中国社会科学出版社，2020：13.

深圳年轻人口多，学龄人口多，近些年，从幼儿园到小学、普通中学，学位建设增速。2016年，全市改扩建中小学37所，其中新建27所、改扩建学校9所，还有1所学校恢复招生，提供了3.72万个新增学位。2017年，全市新改扩建义务教育学校30所、普通高中4所，新增公办中小学学位约4.7万个，另全年新增幼儿园学位2万个。2018年，全市新改扩建35所公办义务教育学校，新增公办义务教育学位56 135个；新改扩建普通高中5所，新增公办普高学位6 800个。2019年，全市新建和改扩建中小学校40所，新增学位6万多个，其中公办学位超过5万个；新增幼儿园63所，学位2.1万个。2019年年底，全市共有普通中小学757所，在校生154.64万人；中等职业学校26所，在校生8万人；幼儿园1836所，在园儿童54.5万人[7]。由于连续多年的高投入，深圳中小学学位紧张的局面得到一定缓解。

---

7 金心异，陈倩，李宁. 先行：华为与深圳 [M]. 广州：广东旅游出版社，2021：122.

2020年，深圳计划新改扩建公办义务教育学校30所，新增公办义务教育学位4万个。另外计划在2020—2022年内新建30所高中，新增公办高中学位6万个。

促进教育均衡发展。完善免试就近入学管理政策与操作办法，通过集团化办学、强校帮弱校等办法提升整体教育质量。在全市统一中小学校生均拨款标准和设施设备配置标准。2005年，深圳将外来务工人员子女纳入深圳市义务教育范围，取消非深户籍学生义务教育借读费。读公立学校、学位不足的，政府采取购买服务的方式购买附近优质民办学校学位予以安排。2013年，深圳创造性地在全市实行积分入学制度。积分入学政策打破了户籍与学位之间的藩篱，有利于解决外来人口的子女入学问题。"十二五"期间，深圳将义务教育阶段72.5%、公办学校58.7%的学位提供给了非深户籍学生，保障了全国最大规模移民城市外来人口子女的就读需要。[8]

促进民办教育在提供基本教育公共服务和满足市民对优质、特色教育的选择性需求等方面发挥重要作用。截至2016年8月，深圳市共有民办中小学校240所，在校生47.7万人，几乎占据了深圳基础教育的半壁江山[9]。从2012年起，民办学校学生符合条件的，小学每人每年、初中每人每年分别享受5000元和6000元的学位补贴。从2017年9月开始，深圳民办学校小学生每年最高学位补贴从5000元上涨至7000元，初中生每年最高补贴从6000元上涨至9000元，教师从业津贴上涨50%[10]。

在改革开放之初，深圳只有幼儿园和中小学，没有一所高等学校。1983年，财政收入刚到1亿元，深圳便决定拿出5000万元来建深圳大学。2016年，深圳《关于加快高等教育发展的若干意见》提出，"坚持以打造高水平学科为基础，较大规模高校和特色学院建设并举，普通高等教育和职业高等教育同步推进，经过10年左右努力，建立

---

8 陈少兵. 深圳：社会建设之路[M]. 北京：中国社会科学出版社，2020：20.
9 陈少兵. 深圳：社会建设之路[M]. 北京：中国社会科学出版社，2020：63.
10 陈少兵. 深圳：社会建设之路[M]. 北京：中国社会科学出版社，2020：70.

国际化开放式创新型高等教育体系，建设成为南方重要的高等教育中心"。近年来，深圳的高等教育实现跨越式发展（表8.6）。

表8.6 深圳市高等教育发展目标

序号	高校名称	发展目标	2020年在校生规模
1	深圳大学	具有创新创业特色的高水平综合性研究型大学	42000
2	南方科技大学	国际化高水平研究型大学	5000
3	香港中文大学（深圳）	国际化高水平研究型大学	7500
4	中山大学·深圳	国际化高水平研究型大学	2000
5	哈尔滨工业大学（深圳）	国际化高精特研究型大学	9000
6	清华大学深圳研究生院	国际化高水平研究型大学	3500
7	北京大学深圳研究生院	国际化高水平研究型大学	3500
8	暨南大学深圳旅游学院	国际知名、国内一流的国际化旅游学院	2500
9	深圳北理莫斯科大学	世界一流的独具特色的综合性大学	2500
10	深圳技术大学	开放式、创新型、国际化应用技术大学	5000
11	清华—伯克利深圳学院	专业化、开放式、国际化特色学院	1000
12	湖南大学罗切斯特设计学院（深圳）	专业化、开放式、国际化特色学院	1000
13	深圳墨尔本生命健康工程学院	专业化、开放式、国际化特色学院	3000（规模）
14	深圳国际太空科技学院	专业化、开放式、国际化特色学院	1500
15	哈尔滨工业大学（深圳）国际设计学院	专业化、开放式、国际化特色学院	1200（2025）
16	深圳职业技术学院	世界一流水平的综合性高职院校	30000
17	深圳信息职业技术学院	国际一流、具有鲜明IT办学特色的应用技术大学	18000
18	深圳城市职业技术学院		
19	深圳技师学院		
20	广东新安职业技术学院	高水平民办高职院校	5000

资料来源：王苏生.深圳：科技创新之路[M].北京：中国社会科学出版社，2020：204.

4. 深圳医疗

2010年之前，深圳人对本市的医疗状况是极其不满意的。"十二五"和"十三五"期间，深圳大规模投资医疗卫生事业。"十二五"期间财政总投入599亿元，共完成57家医疗机构的新建、改建和扩建工程，新增病床1.53万张。"十三五"期间投资1400亿元，新建公立医院14家，新增床位数 2.5 万张以上，新增执业医生 1.2 万人以上[11]。2014 年起，深圳市开始实施"医疗卫生三名工程"，意即"引进和培育名医（名科）、举办名医院、聚焦名诊所（门诊部）"（表 8.7，表 8.8）。

表 8.7 2016 年深圳市医疗机构数量概况

医疗机构总数	医院		门诊部	私人诊所	医务室	社康中心
	公立医院	民营医院				
3871	62	72	609	2231	274	623

资料来源：陈少兵. 深圳：社会建设之路 [M]. 北京：中国社会科学出版社，2020：85.

表 8.8 2016 年深圳市医院床位数、医生数及诊疗量概况

类别	床位数（张）	执业医生数（人）	总诊疗量（万人次）	出院（万人次）
全市	41512	29296	9596.5	138.2
公立机构	33862	19942	7442.5	120.6
民营机构	7650	9354	2154.0	17.6
民营占比（%）	18.5%	31.9%	22.4%	12.7%

资料来源：陈少兵. 深圳：社会建设之路 [M]. 北京：中国社会科学出版社，2020：85.

为解决市民看病贵问题，2012 年，在全国率先实行公立医院医药分开改革，改革或取消药品加成政策，同时通过调整医疗服务价格、增加政府投入等措施，完善公立医院补偿机制，落实基本药物制度。2013 年，深圳市开始推进现代医院管理制度，成立市公立医院管理中心，实行政事分开、管办分开，推动所有权与经营权分离。对于新建的公立医院，按照所有权与经营权分离的方式，引进名院、名校或知名医疗管理机构运营。

实现基本医疗卫生服务均等化。构建基层医疗集团和区域医疗中心。区域医疗中心主要由市级医院、大学附属医院构成，主要负责人才培养、学科建设、科技攻关和疑难复杂病症的诊疗服务。基层医疗

---

11 金心异，陈倩，李宁. 先行：华为与深圳 [M]. 广州：广东旅游出版社，2021：123.

集团由区级综合医院和社康中心组成,主要承担基本医疗和家庭医生、基本公共卫生服务。加快建立分级诊疗制度,完善分级诊疗引导机制。推行社区首诊和医保差别支付制度。

为增加医疗卫生服务资源,扩大服务供给,满足人民群众多层次、多元化的医疗服务需求,2009年起,深圳市开始鼓励和引导社会资本发展医疗卫生事业。2016年《深圳经济特区医疗条例》颁布,赋予社会办医疗机构在准入、社保等方面享有与公立医疗机构同等权利。

文化深圳

1. 文化战略与文化体制改革

经济特区成立后,在实现经济快速发展的同时,深圳高度重视文化建设,不断加大文化建设投入,努力推进文化事业和文化产业发展。

20世纪90年代,深圳提出"文化是城市的神,经济是城市的形,两者只有协调发展,城市才能形神兼备",《深圳市1995—2010年文化发展规划》提出把深圳建成"现代文化名城"的战略目标。

2003年,深圳提出并实施"文化立市"战略,开展了文化体制改革的综合试点工作:对公益性的图书馆、博物馆、美术馆、文化馆等文化事业单位,发挥公共财政的作用,同时吸收社会资源,鼓励社会捐赠;对准公益性文化事业单位,政府给予一定资助;对经营性文化事业单位,则实行自主经营、自负盈亏,逐步转为企业。通过建立委托管理模式,内部激励机制创新,整合资源融合发展,多渠道筹集发展经费深化文艺院团改革。

2012年,提出全面推进文化强市建设。2015年年底,制定出台了《深圳文化创新发展2020(实施方案)》,提出建设国际文化创意先锋城市。

2. 文化设施与文化活动

20世纪80年代初,深圳连续三年拿出全年财政收入的1/3用于文化建设，兴建了图书馆、博物馆、大剧院、电视台、体育馆、深圳大学、新闻中心和科学馆八大重点文化设施。从 20 世纪 90 年代后期开始，又推动了第二波文化设施建设，包括深圳书城、深圳音乐厅、新图书馆、新博物馆等。2019 年 1 月，深圳宣布规划建设"新十大文化设施"，包括深圳歌剧院、深圳改革开放展览馆、深圳创意设计馆、深圳科学技术馆、中国国家博物馆深圳馆、深圳海洋博物馆、深圳自然博物馆、深圳美术馆新馆、深圳创新创意设计学院和深圳音乐学院。

深圳大力推进"两城一都"（图书馆之城、钢琴之城、设计之都）建设，2000 年前后，创立了深圳读书月、创意 12 月、中国深圳国际钢琴比赛、中国设计大展、深港城市建筑双年展、文博会 [2004] 等一系列品牌文化活动，打造高品位文化城市。

2008 年，深圳被联合国教科文组织全球创意城市网络认定为"设计之都"。2013 年，深圳被评为全球全民阅读典范城市。

3．文化产业与公共文化

由于缺乏必要的发展资金，深圳初期实行以文补文、多业助文，同时吸引外资和社会资金兴办文化企业，发展文化娱乐事业，包括 1979 年建设的西丽湖度假村、1989 年开创的主题公园——锦绣中华，以及中国民俗文化村、世界之窗、欢乐谷等。

2005 年，深圳把文化产业确定为第四大支柱产业。2008 年，深圳出台了全国第一个文化产业促进条例。2011 年，深圳在全国率先制定并出台《深圳文化创意产业振兴发展规划（2011—2015）》和配套政策，重点发展创意设计、文化软件、动漫游戏、新媒体及文化信息服务、数字出版、影视演艺、文化旅游、非物质文化遗产开发、高端印刷、高端工艺美术十大产业，将其与高新科技、金融等有效融合发展。

2004 年，深圳举办首届文博会。2009 年，深圳文化产权交易所挂牌。之后中国文化产业发展投资基金、国家级文化和科技融合示范基地等相继落户深圳。

深圳努力打造一流文化传媒机构，形成现代文化传播体系。深圳报业集团于 2002 年 9 月成立，由原深圳特区报业集团和原深圳商报社合并组建，是国内规模最大、实力最强、现代化程度最高的报业集团之一。2004年，深圳广播电影电视集团成立，由原深圳电视台、深圳广播电台、深圳电影制片厂等组合而成。2007年，深圳出版发行集团成立。

2015年年底出台的《深圳文化创新发展2020（实施方案）》，提出推动文化产业结构升级、培育文化领军企业、实施"大项目驱动"计划、打造国际展会品牌以及进一步完善国家级产业服务平台。2018年，深圳全市文化产业实现增加值2621亿元，占全市生产总值比重超过10%，成为带动经济快速发展的重要引擎。

2016年，深圳发布《关于加快构建现代公共文化服务体系的实施意见》，同时配套印发《深圳市基本公共文化服务实施标准（2016—2020）》，初步建立普惠型公共文化服务体系。2017年，638家公共图书馆、284家24小时自助图书馆、46家博物馆、11家公共美术馆、71个文化馆（站）、380多个文化广场，构建起覆盖全市的公共文化设施网络[12]。

深港一体与粤港澳大湾区

深圳、香港本同为新安县属地。1842年英国占领香港岛，1860年清政府被迫割让九龙，1898年英国强迫清政府签订了《展拓香港界址专条》，强行租借九龙半岛界限街以北、深圳河以南的地区，以及200多个大小岛屿，租期99年（至1997年6月30日结束）。香港岛、九龙和新界总面积达1106平方千米的中国领土，构成了今天的香港。

英割据香港、九龙，租借新界，将新安县一分为二。不过在此后近百年时间里，深圳和香港一衣带水，从来都没有真正分开过。一条广九铁路将广州和香港连通起来，节点正在深圳。

1949年以后，虽然沿边界架设了铁丝网，但并没有完全把两地隔

---

12 赵剑英，等. 深圳经验与中国特色社会主义道路[M]. 北京：中国社会科学出版社，2020：7.

开。一些跨境基础设施项目将深圳和香港连接到一起，如1963年的东深供水工程。

经济特区成立后，深圳与香港又建立了密切的经济联系。港资是深圳最大的投资来源。1979—1999年，港商在深圳的投资项目达20 388个，协议投资211.06亿元，实际投资126.64亿元，分别占深圳同期FDI个数、协议数、实际额的87.48%、77.68%和64.49%，香港投资占深圳吸收外资的2/3[13]。1999—2003年，在深圳的外商直接投资总额中，香港投资占80%以上[14]。港商在深圳的投资领域也不断拓展，从"三来一补"出口加工业发展到能源、港口、高速公路、房地产、旅游、电信等领域。之后金融、航运、高科技也开始成为深港合作的新内容，特别是金融和航运物流业成为深港合作的主要桥梁。香港是深圳最大的出口市场，深圳主要产品均出口香港、或经香港转口。

2003年，中央政府和香港特别行政区政府签署《内地与香港关于建立更紧密经贸关系的安排》（CEPA）。2004年，深港两地签署《关于加强深港合作的备忘录》及深港在口岸基础设施、经贸、科技、教育、金融、环保、旅游、文化8个具体方面的合作协议。2007年，深圳与香港《关于深港创新圈合作协议》，标志着两地创新科技合作得到突破。2007年共签署《关于深港创新圈合作协议》《关于近期开展重要基础设施合作项目协议书》及其他六个协议，围绕跨境大型基础设施、城市规划、环保、医护等领域进行合作。2009年，《深港创新圈三年行动计划（2009—2011）》提出大力推动深港科研机构和高校交流合作，推动科研成果产业化，不断提高两地自主创新能力。2010年，国务院批复同意《前海深港现代服务业合作区总体发展规划》，提出前海要在"一国两制"框架下进一步深化粤港紧密合作，为我国构建对外开放新格局。2015年4月，中国（广东）自由贸易试验区深圳前海蛇口自贸片区成立。

---

13 赖明明. 深港合作四十年[M]. 北京：中国社会科学出版社，2020：81.
14 同上。

2017年，深港政府签署河套地区共同开发合作备忘录，明确联手打造深港科技创新合作区。

2019年，《粤港澳大湾区发展规划纲要》出台，两个城市的合作在更大背景下展开。伴随着粤港澳大湾区建设的推进，深港合作正站在新的起点上。

结　语　中国改革开放再出发

社会主义现代化建设引领区

浦东开发最初的设想，主要是解决当时上海面临的实际困难，也就是说，是一个从属于浦西改造的项目。但在不断深入的讨论中，逐渐形成了新的共识，即浦东开发已不再是仅仅配合浦西旧区改造，而是重建大上海的一个战略构想。在邓小平的强力支持下，浦东从开发变成了开发开放，从一个城市发展战略上升为国家战略，是要发挥上海龙头作用，带动长江三角洲和整个长江流域地区经济新飞跃。

浦东开发开放彻底改变了浦东的命运，浦东实现了自身的历史性巨变，也带动浦西以及上海走出了 20 世纪 80 年代的困境。浦东开发开放后，上海的发展日新月异，被概括为三个"三年大变样"和"八大历史性变化"。上海由此从中国改革开放的后卫变成了前锋。

进入 21 世纪，上海有了更高的城市定位，要把上海市建设成为经济繁荣、社会文明、环境优美的国际大都市，国际经济、金融、贸易、航运中心。浦东则是上海"四个中心"建设的主战场。

经济金融危机过后，浦东发展面临着成本高企、土地资源以及发达国家制造业回流、国内外竞争加剧等诸多挑战。从国际环境来看，世界经济格局、世界经济体系面临着重大调整，对未来浦东发展带来极大的不确定因素。对此，中央明确更进一步加大改革开放力度，来应对未来的外部挑战。

为支持浦东新区高水平改革开放，引领带动上海"五个中心"建设，更好服务全国大局和带动长三角一体化发展战略实施，中央发布《关于支持浦东新区高水平改革开放、打造社会主义现代化建设引领区的意见》。

1. 总体要求

（1）指导思想。以习近平新时代中国特色社会主义思想为指导，深入贯彻党的十九大和十九届二中、三中、四中、五中全会精神，坚持稳中求进工作总基调，科学把握新发展阶段，坚定不移贯彻新发展理念，服务和融入新发展格局，支持浦东勇于挑最重的担子、啃最硬的骨头，努力成为更高水平改革开放的开路先锋、全面建设社会主义现代化国家的排头兵、彰显"四个自信"的实践范例，更好向世界展示中国理念、中国精神、中国道路。

（2）战略定位。推动浦东高水平改革开放，为更好利用国内国际两个市场两种资源提供重要通道，构建国内大循环的中心节点和国内国际双循环的战略链接，在长三角一体化发展中更好发挥龙头辐射作用，打造全面建设社会主义现代化国家窗口。

第一，更高水平改革开放的开路先锋。坚持系统观念，加强改革举措的有机衔接和融会贯通，推动各项改革向更加完善的制度靠拢。从要素开放向制度开放全面拓展，率先建立与国际通行规则相互衔接的开放型经济新体制。在浦东全域打造特殊经济功能区，加大开放型经济的风险压力测试。

第二，自主创新发展的时代标杆。充分发挥新型举国体制的制度优势和超大规模市场优势，找准政府和市场在推动科技创新、提升产业链水平中的着力点，建设国际科技创新中心核心区，增强自主创新能力，强化高端产业引领功能，带动全国产业链升级，提升全球影响力。

第三，全球资源配置的功能高地。以服务共建"一带一路"为切入点和突破口，积极配置全球资金、信息、技术、人才等要素资源，打造上海国际金融中心、贸易中心、航运中心核心区，强化服务实体经济能力，率先构建高标准国际化经贸规则体系，打造我国深度融入全球经济发展和治理的功能高地。

第四，扩大国内需求的典范引领。着力创造高品质产品和服务供给，不断提升专业化、品牌化、国际化水平，培育消费新模式新业态，引领带动国内消费升级需求，打造面向全球市场的新品首发地、引领消费潮流的风向标，建设国际消费中心。

第五，现代城市治理的示范样板。构建系统完备、科学规范、运行有效的城市治理体系,提升治理科学化、精细化、智能化水平,提高应对重大突发事件能力,完善民生发展格局,延续城市特色文化,打造宜居宜业的城市治理样板。

（3）发展目标。到 2035 年,浦东现代化经济体系全面构建,现代化城区全面建成,现代化治理全面实现,城市发展能级和国际竞争力跃居世界前列。到 2050 年,浦东建设成为在全球具有强大吸引力、创造力、竞争力、影响力的城市重要承载区,城市治理能力和治理成效的全球典范,社会主义现代化强国的璀璨明珠。

2. 全力做强创新引擎,打造自主创新高地

面向世界科技前沿、面向经济主战场、面向国家重大需求、面向人民生命健康,加强基础研究和应用基础研究,打好关键核心技术攻坚战,加速科技成果向现实生产力转化,提升产业链水平,为确保全国产业链供应链稳定多作新贡献。

（4）加快关键技术研发。加快建设张江综合性国家科学中心,聚焦集成电路、生命科学、人工智能等领域,加快推进国家实验室建设,布局和建设一批国家工程研究中心、国家技术创新中心、国家临床医学研究中心等国家科技创新基地。推动超大规模开放算力、智能汽车研发应用创新平台落户。研究对用于临床研究的药品免征进口环节税。允许有条件的医疗机构按照相关要求开展自行研制体外诊断试剂试点。建立企业研发进口微量耗材管理服务平台,在进口许可、通关便利、允许分销等方面研究予以支持。允许浦东认定的研发机构享受进口自用设备免征进口环节税、采购国产设备自用的给予退税政策。积极参与、牵头组织国际大科学计划和大科学工程,开展全球科技协同创新。

（5）打造世界级创新产业集群。在总结中国（上海）自由贸易试验区临港新片区实施经验基础上,研究在浦东特定区域对符合条件的从事集成电路、人工智能、生物医药、民用航空等关键领域核心环节生产研发的企业,自设立之日起 5 年内减按 15％ 的税率征收企业所得税。在浦东特定区域开展公司型创业投资企

业所得税优惠政策试点，在试点期内，对符合条件的公司型创业投资企业按照企业年末个人股东持股比例免征企业所得税，鼓励长期投资，个人股东从该企业取得的股息红利按照规定缴纳个人所得税。同长三角地区产业集群加强分工协作，突破一批核心部件、推出一批高端产品、形成一批中国标准。发展更高能级的总部经济，统筹发展在岸业务和离岸业务，成为全球产业链供应链价值链的重要枢纽。依托长三角产业集群优势，建立一批科技成果转化中试孵化基地。

（6）深化科技创新体制改革。优化创新创业生态环境，疏通基础研究、应用研究和产业化双向链接的快车道。探索中央财政资金、地方资金、社会资本共同参与的重大科技基础设施建设和运行投入机制。支持新型研发机构实施以章程管理、综合预算管理和绩效评价为基础的管理模式。支持高校和科研院所建立专业化技术转移机构。建立高水平的知识产权保护制度，实施更大力度的知识产权侵权惩罚性赔偿制度。支持浦东设立科创板拟上市企业知识产权服务站。允许将科研工艺设备设计费纳入项目总投资，项目建设单位自行承担相关设计工作支出可列支设计费。国家在浦东设立的研发机构可研究适用上海科技体制机制创新相关规定。

3. 加强改革系统集成，激活高质量发展新动力

聚焦基础性和具有重大牵引作用的改革举措，探索开展综合性改革试点，从事物发展全过程、产业发展全链条、企业发展全生命周期出发谋划设计改革，加强重大制度创新充分联动和衔接配套，推动各方面制度更加完善。

（7）创新政府服务管理方式。加强各部门各领域协同放权、放管衔接、联动服务。探索试点商事登记确认制和市场准营承诺即入制，制定浦东放宽市场准入特别措施清单，深化"一业一证"改革，率先建立行业综合许可和综合监管制度。深化行政体制改革，按程序赋予浦东在统筹使用各类编制资源方面更大自主权。提高

专业化精细化管理水平,实行与经济发展水平相适应的薪酬制度。

(8)强化竞争政策基础地位。全面落实外商投资准入前国民待遇加负面清单管理制度。积极稳妥推进具备条件的国有企业混合所有制改革和整合重组。健全以公平为原则的产权保护制度,全面依法平等保护民营经济产权,全面依法平等保护外商投资合法权益,加强反不正当竞争执法,加强企业商业秘密保护。

(9)健全要素市场一体化运行机制。结合国土空间规划编制,优化建设用地结构和布局。在国土空间规划编制完成后,探索按规划期实施的总量管控模式。支持推动在建设用地地上、地表和地下分别设立使用权,探索按照海域的水面、水体、海床、底土分别设立使用权。深化产业用地"标准化"出让方式改革,增加混合产业用地供给,探索不同产业用地类型合理转换。实施以能耗强度为核心、能源消费总量保持适度弹性的用能控制制度。建设国际数据港和数据交易所,推进数据权属界定、开放共享、交易流通、监督管理等标准制定和系统建设。

4. 深入推进高水平制度型开放,增创国际合作和竞争新优势

着力推动规则、规制、管理、标准等制度型开放,提供高水平制度供给、高质量产品供给、高效率资金供给,更好参与国际合作和竞争。

(10)推进中国(上海)自由贸易试验区及临港新片区先行先试。更好发挥中国(上海)自由贸易试验区及临港新片区"试验田"作用,对标最高标准、最高水平,实行更大程度的压力测试,在若干重点领域率先实现突破,相关成果具备条件后率先在浦东全域推广实施。在浦东开展制度型开放试点,为全国推进制度型开放探索经验。推进海关特殊监管区域建设,支持洋山特殊综合保税区政策在浦东具备条件的海关特殊监管区域的特定区域适用。优化海关特殊监管区域电子账册管理。围绕战略性新兴产业领域并根据企业实际需要,在中国(上海)自由贸易试验区临港新片区探索创新监管安排,具备条件的可享受洋山特殊综合保税

区的通关便利化相关政策。加强商事争端等领域与国际通行规则接轨。允许境外服务提供商在满足境内监管要求条件下,以跨境交付或自然人移动的方式提供更多跨境专业服务。支持浦东商业银行机构对诚信合规企业自主优化离岸转手买卖业务审核流程。在浦东具备条件的区域,研究探索适应境外投资和离岸业务发展的税收政策。在风险可控的前提下,研究探索支持浦东企业服务出口的增值税政策。在监管部门信息共享、风险可控的前提下,推动海关特殊监管区域外的重点企业开展高附加值、高技术含量、符合环保要求"两头在外"的保税维修业务。吸引更多国际经济组织和企业总部在中国(上海)自由贸易试验区落户。在不导致税基侵蚀和利润转移的前提下,探索试点自由贸易账户的税收安排。在洋山特殊综合保税区指定区域探索设立为区内生产经营活动配套服务且不涉及免税、保税、退税货物和物品的消费服务设施,设立保税展示交易平台。

(11)加快共建辐射全球的航运枢纽。加快同长三角共建辐射全球的航运枢纽,提升整体竞争力和影响力。强化上海港、浦东国际机场与长三角港口群、机场群一体化发展,加强江海陆空铁紧密衔接,探索创新一体化管理体制机制。在洋山港试点实施与国际惯例接轨的船舶登记管理制度。研究在对等条件下,允许洋山港登记的国际航行船舶开展以洋山港为国际中转港的外贸集装箱沿海捎带业务。推动浦东国际机场与相关国家和地区扩大航权安排,进一步放宽空域管制,扩大空域资源供给。

(12)建立全球高端人才引进"直通车"制度。率先在浦东实行更加开放更加便利的人才引进政策。进一步研究在浦东投资工作的相关高端人才审核权限下放政策,为引进的"高精尖缺"海外人才提供入出境和停居留便利。逐步放开专业领域境外人才从业限制,对其在浦东完全市场化竞争行业领域从业视同享受国民待遇,建立国际职业资格证书认可清单制度。支持浦东在中国国际进口博览会期间试行更大力度的人员出入境等配套政策,并推动常态化、制度化。

5. 增强全球资源配置能力,服务构建新发展格局

完善金融市场体系、产品体系、机构体系、基础设施体系,支持浦东发展人民币离岸交易、跨境贸易结算和海外融资服务,建设国际金融资产交易平台,提升重要大宗商品的价格影响力,更好服务和引领实体经济发展。

(13)进一步加大金融开放力度。支持浦东率先探索资本项目可兑换的实施路径。在浦东支持银行在符合"反洗钱、反恐怖融资、反逃税"和贸易真实性审核的要求下,便利诚信合规企业的跨境资金收付。创新面向国际的人民币金融产品,扩大境外人民币境内投资金融产品范围,促进人民币资金跨境双向流动。研究探索在中国外汇交易中心等开展人民币外汇期货交易试点。推动金融期货市场与股票、债券、外汇、保险等市场合作,共同开发适应投资者需求的金融市场产品和工具。构建与上海国际金融中心相匹配的离岸金融体系,支持浦东在风险可控前提下,发展人民币离岸交易。

(14)建设海内外重要投融资平台。支持在浦东设立国际金融资产交易平台,试点允许合格境外机构投资者使用人民币参与科创板股票发行交易。支持在浦东开展简化外债登记改革试点。完善外债管理制度,拓展跨境融资空间。推进在沪债券市场基础设施互联互通。加快推进包括银行间与交易所债券市场在内的中国债券市场统一对外开放,进一步便利合格境外机构投资者参与中国债券市场。

(15)完善金融基础设施和制度。研究在全证券市场稳步实施以信息披露为核心的注册制,在科创板引入做市商制度。发挥上海保险交易所积极作用,打造国际一流再保险中心。支持上海期货交易所探索建立场内全国性大宗商品仓单注册登记中心,开展期货保税仓单业务,并给予或落实配套的跨境金融和税收政策。建设国家级大型场内贵金属储备仓库。建设国际油气交易和定价中心,支持上海石油天然气交易中心推出更多交易品种。构建贸

易金融区块链标准体系，开展法定数字货币试点。在总结评估相关试点经验基础上，适时研究在浦东依法依规开设私募股权和创业投资股权份额转让平台，推动私募股权和创业投资股权份额二级交易市场发展。支持在浦东设立国家级金融科技研究机构、金融市场学院。支持建设覆盖全金融市场的交易报告库。

6．提高城市治理现代化水平，开创人民城市建设新局面

推动治理手段、治理模式、治理理念创新，加快建设智慧城市，率先构建经济治理、社会治理、城市治理统筹推进和有机衔接的治理体系，把城市建设成为人与人、人与自然和谐共生的美丽家园。

（16）创新完善城市治理体系。把全生命周期管理理念贯穿城市规划、建设、管理全过程各环节，深入推进城市运行"一网统管"。支持浦东探索与经济社会发展需要相适应的人口管理机制。推动社会治理和资源向基层下沉，强化街道、社区治理服务功能，打通联系服务群众"最后一千米"。

（17）打造时代特色城市风貌。加强对建筑形体、色彩、体量、高度和空间环境等方面的指导约束。实施旧工业区改造工程，建设文化创意和休闲消费场所。与老城区联动，统筹推进浦东城市有机更新，加快老旧小区改造，加强历史建筑、文物保护，打造富有中国特色的建筑群，推进与现代化都市有机融合。加强地下空间统筹规划利用，推进海绵城市和综合管廊建设，提升城市气候韧性。

（18）构建和谐优美生态环境。实行最严格的生态环境保护制度，健全源头预防、过程控制、损害赔偿、责任追究的生态环境保护体系。优化企业生态信息采集和评价标准，构建生态信用体系。深化生态环境保护综合行政执法改革，健全生态环境公益诉讼制度。评估调整黄浦江沿岸和海洋生态保护红线。严格落实垃圾分类和资源化再利用制度。推动绿色低碳出行，发展以网络化轨道交通为主体的公共交通体系。

（19）提升居民生活品质。与长三角地区统筹布局优质教育、

医疗、养老、文化等公共服务资源,增加高质量和国际化教育、医疗等优质资源供给,不断提高公共服务均衡化、优质化水平。建立依据常住人口配置公共服务资源的制度。开展城市居住社区建设补短板行动,改善弄堂环境,加大停车场和充电设施、街心公园等基本服务设施和公共活动空间配套建设力度。弘扬红色文化,发扬海派文化、江南文化,做大做强文创产业。

7. 提高供给质量,依托强大国内市场优势促进内需提质扩容

加快建设上海国际消费中心城市,培育打响上海服务、上海制造、上海购物、上海文化、上海旅游品牌,以高质量供给适应、引领、创造新需求。

(20) 增加高品质商品和服务供给。发挥浦东先进制造和贸易航运枢纽优势,推动消费平台和流通中心建设。研究探索放宽电信服务、医疗健康等服务消费市场外资准入限制,促进服务供给体系升级。建立完善养老托幼、家政服务、文化旅游等服务性消费标准体系。进一步深化实施境外旅客离境"即买即退"措施。支持在中国国际进口博览会期间举办上海消费促进系列活动。

(21) 培育绿色健康消费新模式。充实丰富在线医疗、在线文体等线上消费业态,推动线上线下融合消费双向提速。推进终端非接触式智能设施建设和资源共享。建立快速有效的消费者投诉处理机制,对消费新业态实行包容审慎监管。

8. 树牢风险防范意识,统筹发展和安全

坚持底线思维,建立完善与更大力度改革开放相匹配的风险防控体系,做到防风险与促发展同步部署、同步推进、同步落实,守住不发生系统性风险底线。

(22) 健全金融风险防控机制。完善现代金融监管体系,建立健全风险监测和评估框架,探索与国际金融体系相适应的包容审慎监管模式。在现行监管框架下,依法开展金融创新试点活动。建立健全跨境资金流动监测预警、宏观审慎评估和协调联动体系。完善企业、政府、第三方专业机构信息共享平台,加大离岸贸易

真实性审核力度。

（23）完善公共卫生应急管理体系。加大公共卫生应急专用设施建设投入，加强疾病预防控制、监测预警、突发疫情管控、应急物资保障、重大疾病救治、防控救治科研的体系和能力建设。与长三角地区统筹共建公共卫生应急管理体系，健全联防联控、群防群控机制。完善应对重大疫情医疗互助机制，建立长三角地区专家库，建设远程医疗、互联网诊疗平台，推进负压病房等医疗资源共享共用。

（24）防范化解安全生产等领域重大风险。建立城市5G安全智慧大脑，健全港口和机场安全、大面积停电、自然灾害等预警机制，强化海上危险化学品运输安全风险防范和应急处置。加强重大风险应急救援专业化队伍建设，提升重大突发事件应对水平。加强网络和信息安全管理制度建设。

9．加强组织实施

（25）坚持和加强党的全面领导。坚持和加强党对浦东高水平改革开放各领域各方面各环节的领导，提高党把方向、谋大局、定政策、促改革的能力和定力。坚持以党的政治建设为统领，坚持思想建党和制度治党紧密结合，加强党风廉政建设，以一流党建引领浦东发展。以提升组织力为重点，突出政治功能，加强基层党组织建设，引导基层党组织和广大党员在推动浦东高水平改革开放中发挥战斗堡垒作用和先锋模范作用。完善落实精准考核、奖惩分明的激励约束机制，把"三个区分开来"的要求具体化，建立健全干部担当作为的激励和保护机制，大力营造敢担当、勇负责、善创新的良好氛围。

（26）强化法治保障。建立完善与支持浦东大胆试、大胆闯、自主改相适应的法治保障体系。比照经济特区法规，授权上海市人民代表大会及其常务委员会立足浦东改革创新实践需要，遵循宪法规定以及法律和行政法规基本原则，制定法规，可以对法律、行政法规、部门规章等作变通规定，在浦东实施。对暂无法律法规或明确规定的领域，支持浦东先行制定相关管理措施，按程序报备实施，探索形成的好经验好做法适时以法规规章等形式固化下来。本意见提出的各项改革措施，凡涉及调整适用现行法律和行政法规的，按法定程序办理。

（27）完善实施机制。建立中央统筹、市负总责、浦东抓落实的工作机制。在推动长三角一体化发展领导小组领导下，国家发展改革委统筹协调各方面做好重大规划、重大政策、重大工程研究制定和推进实施工作。中央和国家机关有关部门要按照能放尽放原则赋予浦东更大改革发展权，上海市要加强对浦东的指导服务，浦东新区要进一步强化主体责任，细化落实各项重点任务，在政策举措落地实施中加强统筹衔接，形成政策合力。重大事项及时向党中央、国务院请示报告。

中国特色社会主义先行示范区

1979 年建市之初，深圳市地区生产总值只有 1.96 亿元。经过持续 40 年的快速发展（表 9.1，图 9.1，图 9.2），到 2019 年，深圳全市生产总值为 2.69 万亿元，列全国第三。从人均 GDP 来看，1979 年深圳市人均 GDP 为 606 元，2019 年跃升为 20.3 万元。从进出口总额看，1979 年深圳市进出口总额只有 0.17 亿美元，2019 年已经迅速上升到 4315.99 亿美元，其中出口总额由 1979 年的 930 万美元发展到 2019 年的 2422.11 亿美元。从一般公共预算收入来看，1979 年深圳市一般公共预算收入仅为 0.17 亿元，2019 年这一指标迅速上升到 3773.21 亿元。从居民人均可支配收入来看，1985 年深圳市居民人均可支配收入仅为 1915 元，2019 年跃升至 62522 元，实现了跨越式增长[1]。

---

1 赵剑英，等. 深圳经验与中国特色社会主义道路[M]. 北京：中国社会科学出版社，2020：65.

表 9.1 1979—2018 年深圳经济增长情况

年份	深圳地区生产总值（亿元）	增速	年份	深圳地区生产总值（亿元）	增速
1979	1.96	—	1999	1824.69	15.7%
1980	2.70	62.7%	2000	2219.20	16.3%
1981	4.96	53.8%	2001	2522.95	14.5%
1982	8.26	58.4%	2002	3017.24	15.8%
1983	13.12	58.3%	2003	3640.14	19.1%
1984	23.42	59.9%	2004	4350.29	17.4%
1985	39.02	24.5%	2005	5035.77	15.3%
1986	41.65	2.7%	2006	5920.67	16.7%
1987	55.90	25.4%	2007	6925.23	14.8%
1988	86.98	35.9%	2008	7941.43	12.3%
1989	115.66	18.7%	2009	8485.82	11.3%
1990	171.67	32.5%	2010	10002.21	12.2%
1991	236.66	36.0%	2011	11807.23	10.0%
1992	317.32	33.2%	2012	13319.68	10.2%
1993	453.14	30.9%	2013	14979.45	10.6%
1994	634.67	30.9%	2014	16449.48	8.8%
1995	842.79	23.9%	2015	18014.07	8.9%
1996	1050.51	17.5%	2016	20079.70	9.1%
1997	1302.30	17.2%	2017	22490.06	8.8%
1998	1544.95	15.8%	2018	24221.98	7.6%

资料来源：吴定海. 深圳密码：迈向社会主义现代化强国的城市范例[M]. 北京：中国社会科学出版社，2020：91.

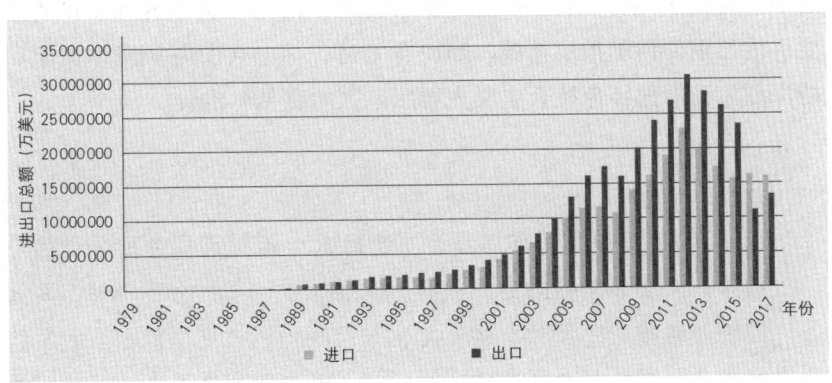

图 9.1 1979—2017 年深圳进出口情况

资料来源：陈金海. 深圳故事：经济、社会、环境转型[M]. 北京：中国社会科学出版社，2020：18.

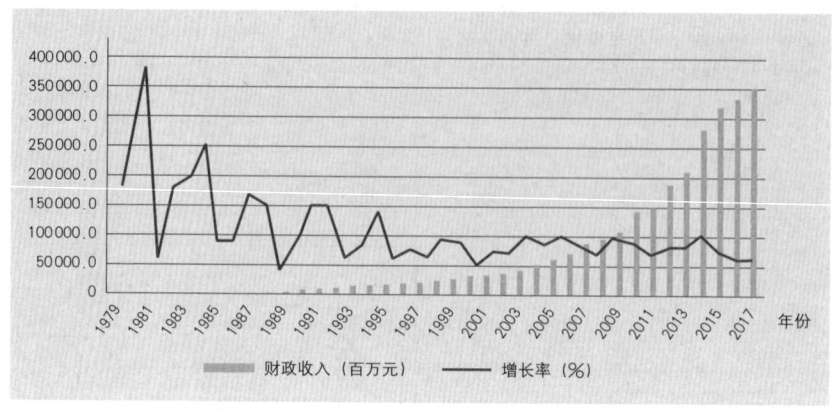

图 9.2 1979—2017 年深圳财政收入及增长速度

资料来源：陈金海.深圳故事：经济、社会、环境转型[M].北京：中国社会科学出版社，2020：18.

随着中国特色社会主义进入新时代，支持深圳高举新时代改革开放旗帜、建设中国特色社会主义先行示范区，有利于在更高起点、更高层次、更高目标上推进改革开放，形成全面深化改革、全面扩大开放新格局；有利于更好实施粤港澳大湾区战略，丰富"一国两制"事业发展新实践；有利于率先探索全面建设社会主义现代化强国新路径，为实现中华民族伟大复兴的中国梦提供有力支撑。为全面贯彻落实习近平新时代中国特色社会主义思想和习近平总书记关于深圳工作的重要讲话和重要指示批示精神，2019 年 8 月，《中共中央 国务院关于支持深圳建设中国特色社会主义先行示范区的意见》出台。

1. 总体要求

（1）指导思想。以习近平新时代中国特色社会主义思想为指导，全面贯彻党的十九大和十九届二中、三中全会精神，紧紧围绕统筹推进"五位一体"总体布局和协调推进"四个全面"战略布局，坚持和加强党的全面领导，坚持新发展理念，坚持以供给侧结构性改革为主线，坚持全面深化改革，坚持全面扩大开放，坚持以人民为中心，践行高质量发展要求，深入实施创新驱动发展战略,抓住粤港澳大湾区建设重要机遇,增强核心引擎功能,朝着建设中国特色社会主义先行示范区的方向前行,努力创建社会主义现代化强国的城市范例。

(2)战略定位。第一,高质量发展高地。深化供给侧结构性改革,实施创新驱动发展战略,建设现代化经济体系,在构建高质量发展的体制机制上走在全国前列。第二,法治城市示范。全面提升法治建设水平,用法治规范政府和市场边界,营造稳定公平透明、可预期的国际一流法治化营商环境。第三,城市文明典范。践行社会主义核心价值观,构建高水平的公共文化服务体系和现代文化产业体系,成为新时代举旗帜、聚民心、育新人、兴文化、展形象的引领者。第四,民生幸福标杆。构建优质均衡的公共服务体系,建成全覆盖可持续的社会保障体系,实现幼有善育、学有优教、劳有厚得、病有良医、老有颐养、住有宜居、弱有众扶。第五,可持续发展先锋。牢固树立和践行绿水青山就是金山银山的理念,打造安全高效的生产空间、舒适宜居的生活空间、碧水蓝天的生态空间,在美丽湾区建设中走在前列,为落实联合国2030年可持续发展议程提供中国经验。

(3)发展目标。到2025年,深圳经济实力、发展质量跻身全球城市前列,研发投入强度、产业创新能力世界一流,文化软实力大幅提升,公共服务水平和生态环境质量达到国际先进水平,建成现代化国际化创新型城市。到2035年,深圳高质量发展成为全国典范,城市综合经济竞争力世界领先,建成具有全球影响力的创新创业创意之都,成为我国建设社会主义现代化强国的城市范例。到本世纪中叶,深圳以更加昂扬的姿态屹立于世界先进城市之林,成为竞争力、创新力、影响力卓著的全球标杆城市。

2. 率先建设体现高质量发展要求的现代化经济体系

(4)加快实施创新驱动发展战略。支持深圳强化产学研深度融合的创新优势,以深圳为主阵地建设综合性国家科学中心,在粤港澳大湾区国际科技创新中心建设中发挥关键作用。支持深圳建设 5G、人工智能、网络空间科学与技术、生命信息与生物医药实验室等重大创新载体，探索建设国际科技信息中心和全新机制的医学科学院。加强基础研究和应用基础研究，实施关键核心技术攻坚行动，夯实产业安全基础。探索知识产权证券化，规范有序建设知识产权和科技成果产权交易中心。支持深圳具备条件的各类单位、机构和企业在境外设立科研机构，推动建立全球创新领先城市科技合作组织和平台。支持深圳实行更加开放便利的境外人才引进和出入境管理制度，允许取得永久居留资格的国际人才在深圳创办科技型企业、担任科研机构法人代表。

（5）加快构建现代产业体系。大力发展战略性新兴产业，在未来通信高端器件、高性能医疗器械等领域创建制造业创新中心。开展市场准入和监管体制机制改革试点，建立更具弹性的审慎包容监管制度，积极发展智能经济、健康产业等新产业新业态，打造数字经济创新发展试验区。提高金融服务实体经济能力，研究完善创业板发行上市、再融资和并购重组制度，创造条件推动注册制改革。支持在深圳开展数字货币研究与移动支付等创新应用。促进与港澳金融市场互联互通和金融（基金）产品互认。在推进人民币国际化上先行先试，探索创新跨境金融监管。

（6）加快形成全面深化改革开放新格局。坚持社会主义市场经济改革方向，探索完善产权制度，依法有效保护各种所有制经济组织和公民财产权。支持深圳开展区域性国资国企综合改革试验。高标准高质量建设自由贸易试验区，加快构建与国际接轨的开放型经济新体制。支持深圳试点深化外汇管理改革。推动更多国际组织和机构落户深圳。支持深圳举办国际大型体育赛事和文化交流活动，建设国家队训练基地，承办重大主场外交活动。支持深圳加快建设全球海洋中心城市，按程序组建海洋大学和国家深海科考中心，探索设立国际海洋开发银行。

（7）助推粤港澳大湾区建设。进一步深化前海深港现代服务业合作区改革开放，以制度创新为核心，不断提升对港澳开放水平。加快深港科技创新合作区建设，探索协同开发模式，创新科技管理机制，促进人员、资金、技术和信息等要素高效便捷流动。推进深莞惠联动发展，促进珠江口东西两岸融合互动，创新完善、探索推广深汕特别合作区管理体制机制。

3．率先营造彰显公平正义的民主法治环境

（8）全面提升民主法治建设水平。在党的领导下扩大人民有序政治参与，坚持和完善人民代表大会制度，加强社会主义协商民主制度建设。用足用好经济特区立法权，在遵循宪法和法律、行政法规基本原则前提下，允许深圳立足改革创新实践需要，根据授权对法律、行政法规、地方性法规作变通规定。加强法治政府建设，完善重大行政决策程序制度，提升政府依法行政能力。加大全面普法力度，营造尊法学法守法用法的社会风尚。

（9）优化政府管理和服务。健全政企沟通机制，加快构建亲清政商关系，进一步激发和弘扬优秀企业家精神，完善企业破产制度，打造法治化营商环境。深化"放管服"改革，全面推行权力清单、责任清单、负面清单制度，推进"数字政府"改革建设，实现主动、精准、整体式、智能化的政府管理和服务。改革完善公平竞争审查和公正监管制度，推进"双随机、一公开"监管，推行信用监管改革，促进各类市场主体守法诚信经营。

（10）促进社会治理现代化。综合应用大数据、云计算、人工智能等技术，提高社会治理智能化专业化水平。加强社会信用体系建设，率先构建统一的社会信用平台。加快建设智慧城市，支持深圳建设粤港澳大湾区大数据中心。探索完善数据产权和隐私保护机制，强化网络信息安全保障。加强基层治理，改革创新群团组织、社会力量参与社会治理模式。

4．率先塑造展现社会主义文化繁荣兴盛的现代城市文明

（11）全面推进城市精神文明建设。进一步弘扬开放多元、兼容并蓄的城市文化和敢闯敢试、敢为人先、埋头苦干的特区精神，大力弘扬粤港澳大湾区人文精神，把社会主义核心价值观融

入社会发展各方面，加快建设区域文化中心城市和彰显国家文化软实力的现代文明之城。推进公共文化服务创新发展，率先建成普惠性、高质量、可持续的城市公共文化服务体系。支持深圳规划建设一批重大公共文化设施，鼓励国家级博物馆在深圳设立分馆，研究将深圳列为城市社区运动场地设施建设试点城市。鼓励深圳与香港、澳门联合举办多种形式的文化艺术活动，开展跨界重大文化遗产保护，涵养同宗同源的文化底蕴，不断增强港澳同胞的认同感和凝聚力。

（12）发展更具竞争力的文化产业和旅游业。支持深圳大力发展数字文化产业和创意文化产业，加强粤港澳数字创意产业合作。支持深圳建设创新创意设计学院，引进世界高端创意设计资源，设立面向全球的创意设计大奖，打造一批国际性的中国文化品牌。用好香港、澳门会展资源和行业优势，组织举办大型文创展览。推动文化和旅游融合发展，丰富中外文化交流内容。有序推动国际邮轮港建设，进一步增加国际班轮航线，探索研究简化邮轮、游艇及旅客出入境手续。

5. 率先形成共建共治共享共同富裕的民生发展格局

（13）提升教育医疗事业发展水平。支持深圳在教育体制改革方面先行先试，高标准办好学前教育，扩大中小学教育规模，高质量普及高中阶段教育。充分落实高等学校办学自主权，加快创建一流大学和一流学科。建立健全适应"双元"育人职业教育的体制机制，打造现代职业教育体系。加快构建国际一流的整合型优质医疗服务体系和以促进健康为导向的创新型医保制度。扩大优质医疗卫生资源供给，鼓励社会力量发展高水平医疗机构，为港资澳资医疗机构发展提供便利。探索建立与国际接轨的医学人才培养、医院评审认证标准体系，放宽境外医师到内地执业限制，先行先试国际前沿医疗技术。

（14）完善社会保障体系。实施科学合理、积极有效的人口政策，逐步实现常住人口基本公共服务均等化。健全多层次养老保险制度体系，构建高水平养老和家政服务体系。推动统一的社会保险公共服务平台率先落地，形成以社会保险卡为载体的"一卡通"服务管理模式。推进在深圳工作和生活的港澳居民民生方面享有"市民待遇"。建立和完善房地产市场平稳健康发展长效机制，加快完善保障性住房与人才住房制度。

6．率先打造人与自然和谐共生的美丽中国典范

（15）完善生态文明制度。落实生态环境保护"党政同责、一岗双责"，实行最严格的生态环境保护制度，加强生态环境监管执法，对违法行为"零容忍"。构建以绿色发展为导向的生态文明评价考核体系，探索实施生态系统服务价值核算制度。完善环境信用评价、信息强制性披露等生态环境保护政策，健全环境公益诉讼制度。深化自然资源管理制度改革，创新高度城市化地区耕地和永久基本农田保护利用模式。

（16）构建城市绿色发展新格局。坚持生态优先，加强陆海统筹，严守生态红线，保护自然岸线。实施重要生态系统保护和修复重大工程，强化区域生态环境联防共治，推进重点海域污染物排海总量控制试点。提升城市灾害防御能力，加强粤港澳大湾区应急管理合作。加快建立绿色低碳循环发展的经济体系，构建以市场为导向的绿色技术创新体系，大力发展绿色产业，促进绿色消费，发展绿色金融。继续实施能源消耗总量和强度双控行动，率先建成节水型城市。

7．保障措施

（17）全面加强党的领导和党的建设。落实新时代党的建设总要求，坚持把党的政治建设摆在首位，增强"四个意识"、坚定"四个自信"、做到"两个维护"。贯彻落实新时代党的组织路线，激励特区干部新时代新担当新作为。坚定不移推动全面从严治党向纵深发展，持之以恒正风肃纪反腐。

（18）强化法治政策保障。本意见提出的各项改革政策措施，凡涉及调整现行法律的，由有关方面按法定程序向全国人大或其

常委会提出相关议案，经授权或者决定后实施；涉及调整现行行政法规的，由有关方面按法定程序经国务院授权或者决定后实施。在中央改革顶层设计和战略部署下，支持深圳实施综合授权改革试点，以清单式批量申请授权方式，在要素市场化配置、营商环境优化、城市空间统筹利用等重点领域深化改革、先行先试。

（19）完善实施机制。在粤港澳大湾区建设领导小组领导下，中央和国家机关有关部门要加强指导协调，及时研究解决深圳建设中国特色社会主义先行示范区工作推进中遇到的重大问题，重大事项按程序向党中央、国务院请示报告。广东省要积极创造条件、全力做好各项指导支持工作。深圳市要落实主体责任，继续解放思想、真抓实干，改革开放再出发，在新时代走在前列、新征程勇当尖兵。

中国的全球城市

上海与深圳，作为中国的全球城市，在向中国香港、新加坡以及西方城市学习的过程中，走出了一条具有中国特色的全球城市建设之路。

1. 国家战略

由于在国家中的重要地位，上海城市的发展向来被视为一项国家战略。即使中华人民共和国建立初期，出于工业布局调整和国防安全考虑，上海并没有作为国家投资建设的重点城市，但作为全国最大的工业基地和工商业城市，仍然担负着十分重要的任务——在国家的计划下积极地支持全国的经济建设。改革开放后，中央对上海提出新要求，指出改造、振兴上海不仅是上海市的大事，也是关系我国四个现代化建设的大事，上海要成为全国四个现代化建设的"开路先锋"。20世纪90年代浦东开发开放，按照邓小平的说法，不只是浦东的问题，是关系上海发展的问题，是利用上海这个基地发展长江三角洲和长江流域的问题。进入 21 世纪，上海建设"四个中心"和社会主义现代化国际大都市，更是在我国整体经济实力不强的情况下，代表中国参与全球竞争。

正是由于作为一项国家发展战略，在上海崛起的过程中，我们可以充分领略到"国家的意志和力量"，尤其是在上海发展的每个关键时刻，中央都会给予坚定指导和强有力的支持。中华人民共和国建立初期，在上海经济下滑时，中央提出要"好好地利用和发展沿海的工业老底子""上海有前途，要发展"。20 世纪 80 年代被认为是 1949 年以后上海最困难的时期，1986 年 9 月，国务院批准上海扩大利用外资，自借自还 32 亿美元，用于工业技术改造和城市基础设施建设。"94 专项"是上海经济发展和投融资改革发展的转折点，是中央给予上海的一个非常关键的支持，解决了上海中长期发展与建设资金不足的矛盾。为了加快浦东开发开放，中央政府先后于 1990 年、1992 年、1995 年三次比较集中地赋予上海一系列扩大对外开放的特殊政策。2008 年上海遇到金融危机的外部冲击，2009 年 4 月，《国务院关于推进上海加快发展现代服务业和先进制造业，建设国际金融中心和国际航运中心的意见》明确提出，到 2020 年上海基本建成与中国经济实力以及人民币国际地位相适应的国际金融中心、具有全球航运资源配置能力的国际航运中心，为上海率先转变经济发展方式带来了新的历史性机遇。在面临世界经济格局大变革、中国对外开放新格局的情况下，2013 年，国务院批准上海率先设立中国（上海）自由贸易试验区，建设国家科创中心。

总之，上海是中国的上海、国家的上海，与整个国家体制和国家战略休戚相关，因此，要理解上海，就必须解释它跟国家的关系，以及这种关系给上海这座城市带来什么样的影响[2]。

深圳成长的历史，不仅只是一座城市的发展岁月，更是一个转型国家制度变迁与发展道路的探索轨迹，以及一个民族寻求富裕的奋斗

---

2 周武. 边缘缔造中心：历史视域中的上海与江南［M］. 上海：上海人民出版社，2019：205.

历程[3]。原深圳市委书记李灏曾在一篇文章中写道：中央领导认为，深圳就这么小一块地方，并不要求实现多少 GDP、向中央上缴多少财政收入或者是创造多少出口外汇，重要的是为开放、改革探索、创造新经验。我们今天在中国经济中观察到的许多新体制和流行起来的新规范，几乎都能在深圳找到它们的影子[4]。

随着中国特色社会主义进入新时代，为了在更高起点、更高层次、更高目标上推进改革开放，形成全面深化改革、全面扩大开放新格局；更好地实施粤港澳大湾区战略，丰富"一国两制"事业发展新实践；率先探索全面建设社会主义现代化强国新路径，为实现中华民族伟大复兴的中国梦提供有力支撑，2019 年 8 月，中共中央发布《中共中央国务院关于支持深圳建设中国特色社会主义先行示范区的意见》，深圳再次成为中国改革开放的焦点与排头兵。

作为经济特区，深圳得到中央的大力支持。深圳特区开办初期，面临诸多困难，中央动员和整合各种力量支持深圳发展。1988 年，时任深圳市委书记李灏发言提到，深圳从无到有，总投资是 87 个亿，其中国家投资拨款，银行贷款，香港、澳门投资约 17 个亿，另外 70 个亿是中央各个部委、各省市自治区投资的[5]。这一年，国务院批准深圳在国家计划中实行单列——作为计划单列市，深圳有财权和省级经济管理权限。计划单列市的身份为其争取到了更多的财政分成。2016 年，深圳市仅此一项就增加了近千亿元的财政收入[6]。尤其是在深圳经济特区发展的各个关键节点、重要关口，党中央总是从战略和全局高度领航定位，指明方向。其中邓小平同志，作为中国创办经济特区的积极倡导者和坚定支持者，他不仅直接推动了深圳经济特区的建立，还发表了许多力挺深圳经济特区的重要指示。1985 年前后，当时深圳特区面临着"外国租界""走私通道""内地输血""一夜回到解放前"

---

3 陶一桃. 深圳：改革创新之路［M］. 北京：中国社会科学出版社，2020：序言.
4 张军. 深圳奇迹［M］. 北京：东方出版社，2019：85.
5 张军. 深圳奇迹［M］. 北京：东方出版社，2019：125.
6 张军. 深圳奇迹［M］. 北京：东方出版社，2019：174.

的指责。1984年春节,邓小平前往南方视察,为深圳写下"深圳的发展和经验证明,我们建立经济特区的政策是正确的"。1989年政治风波后,特区"姓社姓资"大争论。邓小平指出:"对办特区,从一开始就有不同意见,担心是不是搞资本主义。深圳的建设成就,明确回答了那些有这样那样担心的人,特区姓社不姓资。"并提出"计划多一点还是市场多一点,不是社会主义与资本主义的本质区别。计划经济不等于社会主义,资本主义也有计划;市场经济不等于资本主义,社会主义也有市场"[7]。

2012年12月7日,新当选中共中央总书记的习近平离京考察的第一站即选择了深圳,对深圳的发展成就给予高度评价:"深圳是我们国家最早实施改革开放的城市,也是影响最大、建设最好的经济特区。深圳的发展是中国改革的一个代表作,是一个中国奇迹,也是一个世界奇迹。"2015年,习近平总书记对深圳工作作出重要批示,要求深圳进一步开动脑筋、解放思想。2018年,习近平总书记在视察广东时专门强调:"党的十八大后我考察调研的第一站就是深圳,改革开放40周年之际再来这里,就是要向世界宣示中国改革不停顿、开放不止步,中国一定会有让世界刮目相看的新的更大奇迹。"2019年年初,习近平希望深圳"朝着建设中国特色社会主义先行示范区的方向前行,努力创建社会主义现代化强国的城市范例"。2019年8月,中共中央、国务院印发《关于支持深圳建设中国特色社会主义先行示范区的意见》。

2. 主动性的地方政治

在计划经济年代,中国是一个中央高度集权制的国家,地方政府的权力空间非常有限。改革开放以后,为了调动地方的积极性,在保持中央政府对总体变化的控制和指导权、对地方政府的支配权和大型项目的批准权以及关键政策的决定权同时,中央与地方适度分权,赋予地方政府更大的政治空间。地方分权使城市有能力根据国内外形

---

7 邓小平文选:3卷[M]. 北京:人民出版社,1993:372-373.

势,尽可能迅速地作出反应,制定和执行城市的发展战略。在城市发展问题上,地方政府有了一定的自主性。

上海市政府具有远大的眼光、坚韧的意志和丰富的城市治理经验与智慧。改革开放之后,上海的发展特点是每遇到关键问题、到了关键时刻,就会进行城市发展战略的大讨论,提出新的战略目标定位及形成比较清晰的发展思路,并将其体现或落在上海城市总体规划、经济社会发展五年规划中,以统领一个阶段的各项工作,保证重大举措及政策实施的连续性和综合性。这种战略思考转化为战略行动,已成为推动上海经济社会发展的一个优良传统,并形成鲜明的上海特色[8]。从中国的国情和上海的市情出发,上海市政府创造性地把党的路线、方针和政策转化为上海改革开放的实际,形成和积累了一些比较成熟的经验和做法,即四个统一:开拓性、坚韧性和操作性的统一,改革、发展和稳定的统一,重点突破和整体推进的统一,连续性、稳定性和开创性的统一[9]。

深圳是经济特区,因此被中央授予一些特殊权力。实际上,早在特区设置过程中,邓小平就曾经指出:"中央没有钱,可以给些政策,你们自己去搞,杀出一条血路来。"1979年7月,中央下发50号文件,即《中共中央 国务院批转广东省委、福建省委关于对外经济活动实行特殊政策和灵活措施的两个报告》,同意特区可采取"特殊政策、灵活措施"。李灏回忆:"总理找我谈话时,我向他提了这样几个问题:一是'深圳是否仍是改革开放的试验场',他明确回答,'这是深圳特区的重要功能任务'。二是如果深圳是改革开放试验场,深圳是否在改革开放中有一定的权力,允许突破一些不合时宜的、束缚生产力发展的规章制度,总理也明确回答当然可以。三是对一些重大的紧急的问题和政策措施,深圳特区可否在报广东省委、省政府的同时,直接向中央、国务院及总理请示报告。总理回答说当然可以,特区与一

---

8 周振华,洪民荣. 上海改革开放 40 年大事研究:卷二[M]. 上海:格致出版社,2018:259.
9 徐建刚. 上海经济体制改革[M]. 上海:上海人民出版社,2004:337.

般行政区有区别,这样做是允许的。对于以上几点指示,我问是否可以向国家体改委和省里传达,我还特别提出到那时为止,国家体改委还没有把深圳的改革列入议程。我说希望得到这些部门的及时指导。总理表示同意,要我直接找安子文同志(时任国家体改委党组书记、常务副主任)。总理这段谈话非常重要,它关系到深圳还是不是开放窗口和改革试验区,深圳能否大胆突破和制度创新。"[10]

正如一些学者所指出的,一个城市是保持可持续增长和转型,还是走向停滞或衰退,政府的意识、能力和行动很重要。改革开放以来,深圳之所以在每一个重要时代节点,都能够敏锐捕捉到时代趋势、把握时代机遇、突破时代桎梏,成功穿越一个个经济发展周期,持续焕发新的生命力,离不开深圳地方政府的改革魄力与不懈奋斗及其所培育出的具有激情的战斗力和改革创新精神。尤其是早期的几任市委书记,思想解放,敢闯敢试,使深圳得以从计划经济中突围,建立起社会主义的市场经济,从而为深圳经济与科技的发展奠定了坚实的基础。他们也是深圳这座现代化大都市的奠基者。

3. 对外开放与全球化

历史学家周武指出,历史上的上海与中国其他城市最大的不同就在于它的国际化和全球性。大上海兴起,是与全球化的历史紧密地联系在一起的,是在与世界经济、文化日益紧密的互动中成为远东著名的国际金融中心和贸易中心、工业中心的。

改革开放后,全球化、信息技术的发展,给上海这座曾经的世界城市带来巨大机遇。上海积极引进西方先进技术、管理和资金,吸引跨国公司,发展对外经济贸易,获得了快速发展。为了同国际接轨,上海在行政、法律上进行了适应全球化的改革,包括简化行政流程,改善政府工作效率;对原有涉外经济法规进行全面清理,为外商提供公正、透明、稳定的法制环境;建立国际社区等。上海还通过多种咨商机制,吸取国际经验和世界智慧,如每年召开世界城市论坛,邀请

---

10 中共广东省委. 广东改革开放决策者访谈录[M]. 广州:广东人民出版社,2008:343-344.

国际机构、国际组织对城市发展战略进行研究，提出政策建议。最成功的莫过于上海市市长国际企业家咨询会，至今已举办三十届，几乎涉及上海各个领域迫切需要解决的所有重大问题。上海发展的许多思路，都受到上海市市长国际企业家咨询会议成员们真知灼见的启发。在上海城市政治中，能够强烈地感受到国际化的存在。

出口加工业是深圳开放型经济发展的起点、基点。正是由于发展出口加工业，深圳经济得以迅速嵌入国际产业分工体系，从1992年开始，进出口贸易总额一直居全国大中城市第一。其中"香港因素"在深圳对外开放、发展外向型经济、走向世界的过程中起到了重要作用。进入21世纪，随着中国加入WTO，全面融入经济全球化进程，深圳对外开放程度不断加大，发展环境持续优化，吸引了一大批世界跨国公司在深圳建立生产制造基地。深圳融入了跨国公司全球性生产网络和新的国际分工体系，成为中国与全球生产链紧密衔接的制造业中心、珠三角世界工厂的主体部分。

除了"引进来"，深圳还"走出去"。20世纪90年代中后期起，深圳一批本土企业走出去，以对外投资、境外资源开发、承包工程与劳务合作、境外上市融资等方式，开展跨国经营。2016年，深圳实际对外直接投资首次超越了实际利用外资。截至2018年年底，深企已遍布全球141个国家及地区，累计直接投资设立企业和机构6572家[11]。近年来，深圳市企业对外投资规模迅速增长，包括承包工程、参与基础设施、工业制造等，且在信息通信、生物医药、消费电子等创新经济领域，形成了遍布全球、优势明显的产业链条，在全球价值链中地位不断提升[12]。

4. 多元化的经济结构

改革开放以来，上海经济转型，对经济所有制结构进行了战略性调整，多种经济成分共同发展。总体而言，国有企业规模不断收缩，

---

11 吴定海. 深圳密码：迈向社会主义现代化强国的城市范例[M]. 北京：中国社会科学出版社，2020：103.
12 赖明明. 深港合作40年[M]. 北京：中国社会科学出版社，2020：262.

经济比重下降，但在上海这座城市的整个经济与社会发展中，国有经济仍然发挥着主导和控制作用，且各类资本相互渗透，实现形式愈加多元化。外资经济已成为上海经济发展的重要力量，促进了上海经济结构的调整，推动了支柱产业和高新技术产业的发展，扩大了外贸出口，加快了城市基础设施建设以及国有企业改革和社会主义市场经济体制的建立，在保持上海国民经济持续稳定增长中发挥了重要作用。上海私营经济在发展过程中遇到强大的国有经济和的外资经济的夹击，空间和余地有限，因此上海民企规模偏小，少有国内知名企业。外地民企迁入上海，成为壮大上海民营经济的重要力量。

1992年，上海进行产业结构战略性调整，将产业结构从传统的"二、三、一"调整为"三、二、一"。在"三、二、一"产业发展方针指引下，上海第二产业的比重不断下降，第三产业的比重逐步上升。1999年服务业增加值所占比重达到49.59%，首次超过第二产业1.16个百分点。2000年，第三产业占国内生产总值的比重首次超过50%。2012年，上海二产的比重下降为39.36%，三产的比重超过60%，第三产业已成为上海国民经济的主导产业。在产业发展上有"两个长期坚持"和"两个优先发展"，两个长期坚持即"长期坚持上海产业发展的'三、二、一'产业发展方针，长期坚持第二产业和第三产业工共同推进上海经济发展"，两个优先发展即"优先发展先进的制造业，优先发展现代的服务业"。上海还大力推动制造业和服务业融合发展。

深圳被经济学家视为中国最市场化的地方，反映在所有制结构上，民营企业在深圳所有制结构中占绝对比重，并涌现出华为、腾讯、中兴等世界级的高科技企业，以及平安保险、招商银行等全球著名的金融企业。深圳的地方国有资本，在整个深圳经济体系中，并不算是十分强势的一部分，但是由于它控制了一些垄断性行业，尤其是一些公用设施类的产业，因而具有相当的地位[13]。深圳外资企业初期为港台资本，之后外商投资工业企业产值占比显著增加，但内资企业在工业

---

13 金心异. 深圳转型：城市治理模式的革命[M]. 深圳：海天出版社，2010：128.

发展中的作用越发明显。此外，深圳还有集体经济，即以征地费为集体资金，发动农民集资入股，发展农工贸并举的经济实体。

特区成立初期，经济发展主要依靠转口贸易。20世纪80年代中期向工业转型。90年代，开始发展高科技产业。2001年，深圳确立高新技术产业、现代金融业和现代物流业三大支柱产业。2005年深圳文化产业成为第四支柱产业。2008年国际金融危机后，深圳全力推进产业结构的升级和优化，出台了《关于加强自主创新促进高新技术产业发展的若干政策措施》，提出要发展新一代信息技术、互联网、新材料、生物、新能源、节能环保、文化创意产业七大战略性新兴产业。2010年起，推出生物、新能源、互联网三大新兴产业的振兴发展规划，之后又分别出台了新材料、新一代信息技术产业和文化创意产业等产业振兴发展规划。2013年，深圳先后将生命健康、海洋经济、航空航天、智能装备等列为未来重点发展产业。

由于经济结构的多样性，避免了一些国际城市的"过度虚拟化"或"产业空心化"，在面对外部经济波动或风险时，能够具有较强的抵御能力。

5. 包容性发展

上海建设的是社会主义国际大都市，经济发展必须惠及大多数民众，并为经济持续发展创造有利的社会条件。因此，上海在推出适合经济发展的各种社会政策方面有一定的自觉性和及时性[14]。比如配合住房商品化进程对住房制度进行改革（1992年）；配合国有企业改革，设立按系统的下岗职工再就业服务中心（1996年）；设立最低生活保障线、最低工资线，及时推行医疗保险制度改革；等等。

2006年10月，中共中央十六届六中全会提出构建社会主义和谐社会的重要战略目标，全会通过的"中共中央关于构建社会主义和谐社会若干重大问题的决定"明确提出："以解决人民群众最关心、最直接、最现实的利益问题为重点，着力发展社会事业，促进社会公平

---

14 卢汉龙. 2005年上海社会发展蓝皮书——均衡与稳定：发展的新价值[M]. 上海：上海社会科学院出版社，2005：8.

正义、建设和谐文化、完善社会管理、增强社会创造活力，走共同富裕道路，推动社会建设和经济建设、政治建设、文化建设协调发展。"中央的这些要求形成对地方政策的重要指导。上海确立了进一步完善社会政策的指导思想，即"要分类、有梯次、保基本、广覆盖"。要分类，就是不能用一套制度解决所有人的保障；有梯次，就是要满足不同层次的保障需求；保基本，就是要尽力而为量力而行，不提不切实际的口号；广覆盖，就是努力做到各类社会保障基本全覆盖。通过持续多年的不懈努力，上海已形成与经济发展水平相适应、统筹城乡、覆盖各类人群的社会政策体系，实现了从应急式向制度化、从生存型向发展型转变，让更多的人共享改革发展的成果。

深圳特区的发展历程贯穿着城乡一体化和特区一体化。这集中体现在深圳城市的一体化建设上，即城乡一体化、特区内外一体化、户籍与非户籍一体化。

城乡一体化。1992年，深圳市政府出台《关于深圳经济特区农村城市化的暂行规定》，实施城市化统征工作，将特区内68个行政村、16个自然村全部转为城市居委会，4万多农民全部转为城市居民。已划给原农村的集体工业企业用地和私人宅基地所有权归国家，使用权仍属于原使用者。2003年发布《关于加快宝安龙岗两区城市化进程的意见》，深圳关外两区18个镇218个自然村共27万农民转为城市居民，在社会保障、教育、就业等方面享受市民待遇，镇村两级政权改造为街道办和居委会，而原有的集体经济组织则陆续改组为股份合作公司。2004年之后，深圳成为国内首个消灭乡村的城市。

特区内外一体化。自2010年深圳经济特区范围扩大到全市以来，深圳市政府制定了"三步走"战略，计划用十年时间基本实现经济特区一体化。其中，2010—2012年，投资2789亿元用于原特区外地区基础设施建设。2013—2015年，全市总投资的70%左右用于特区外基础设施和公共服务。2017年，在前两轮实施计划的基础上，深圳市制定出台了《深圳经济特区一体化建设攻坚计划（2017—2020）》，提出深圳将进一步加大政策、资源等向原特区外地区的倾斜力度，加快提升原特区外地区城市建设软硬件水平，2020年基本实现深圳特区一体化。《攻坚计划》从六个方面对推进特区一体化作出了部署，即以新型城镇化统筹推进城市功能布局一体化；以国际化先进城市标志推动基础设施一体化；以补齐民生短板推动基本公共服务一体化；以最严格监管推进城市安全保障一体化；以建设美丽深圳推动环境保护一体化；以深化供给侧结构性改革推动管理体制一体化。

户籍与非户籍一体化。深圳是个新兴移民城市，据统计，1979年，深圳市常住人口总量仅有31万人，现在深圳常住人口已经发展到2000万人。20世纪90年代中期以来，深圳市开始户籍制度改革，降低入户门槛、拓宽入户渠道，有序放宽入户条件，积极推进基本公共服务全覆盖和均等化，在36个领域实现"同城人、同待遇"，赋予居住证持有者在一些社会福利与公共服务领域享有市民待遇的权利。深圳是全中国最让非户籍人口感觉自己不是外地人的城市，因为非户籍与户籍的差异并没有其他特大城市那样明显，居住证持有者可以直接享有与户籍居民同等的公共服务权利。

6. 创新与可持续发展

上海向来是中国科学和技术创新的中心。1957年，在制定第二个五年计划时，是要把上海建成为全国发展新技术、制造新产品的一个工业基地。1963年，根据党中央提出的"调整、巩固、充实、提高"的八字方针，提出把上海建设成为我国一个先进的工业基地和科学技术基地的目标，工业生产有计划、有重点地向"高级、精密、尖端"方向发展，赶超世界先进水平。此后，以发展新材料、新设备、新技术、新工艺为中心，促进上海工业生产向高精尖方向发展的工作全面展开，涌现了一大批赶超国际水平的新产品。

2014年5月，习近平总书记在上海考察时提出，上海要努力在推进科技创新、实施创新驱动发展战略方面走在全国前头、走在世界前列，加快向具有全球影响力的科技创新中心进军。一是要牢牢把握科技进步大方向，瞄准世界科技前沿领域和顶尖水平，力争在基础科技领域有大的创新，在关键核心技术领域取得最大的突破；二是要牢牢把握产业革命大趋势，围绕产业链部署创新链，把科技创新真正落实到产业发展上；三是要牢牢把握集聚人才大举措，加强科研院所和高等院校创新条件建设，完善知识产权运用和保护机制，让各类人才的创新智慧竞相迸发。2015年5月25日，中共上海市委十届八次会议通过《关于加快建设具有全球影响力的科技创新中心的意见》，对上海建设具有全球影响力的科创中心作出具体部署，勾勒出科创中心建设的时间表，提出加快推进体制机制改革的要求，吹响了科创制度变革和"四个中心"联动发展的号角。2016年，上海科创中心建设被列入国家"十三五"规划纲要，同年国务院批准《上海系统推进全面创新改革试验，加快建设具有全球影响力的科创中心方案》，提出以实现创新驱动发展转型为目标，以推动科技创新为核心，以破除体制机制障碍为主攻方向，加快向具有全球影响力的科技创新中心进军。

深圳是一座把创新植入DNA的城市。进入21世纪，深圳发展遇到瓶颈，表现为"四个难以为继"：一是土地空间有限。剩余可开发用地200多平方千米，按照传统的速度模式难以为继。二是能源水资源难以为继。深圳水电资源主要由异地输入，在供给不变的条件下，按当时的消耗水平，水电资源无法支撑更大规模的经济增长。三是劳动力资源承载力难以为继。当时的城市基础设施已捉襟见肘，医疗、教育等长期紧张运行。四是环境资源难以为继，大气持续恶化，河流普遍污染，"大城市病"开始发作。即使引以为自豪的高新技术产业，虽然有一半以上规模的产品具有知识产权，但缺少核心技术、关键技术[15]。面对前所未有的诸多挑战，深圳转变发展观念，创新发展模式，走上自主创新之路。

2004年深圳发布《关于完善区域创新体系，加快高新技术产业持续快速发展的决定》，提出把区域创新体系与高新技术产业发展结合起来，建设高新技术公共技术平台，完善高新技术产业链，培育高科技产业孵化体系、拓展高新技术发展空间；通过加快人才培养、弘扬

---

15 南岭. 深圳产业政策年［M］. 北京：中国社会科学出版社，2020：204。

创业文化、推动产学研结合、加强科技信息网建设、营造创新环境；整合财政资金，支持重点领域和产业发展，以及鼓励高新技术企业采用管理股、政府对创业投资予以匹配等。2006年《中共深圳市委深圳市人民政府关于实施自主创新战略，建设国家创新型城市的决定》提出："深圳正处在一个重要的战略转型期，面对新的历史机遇以及土地、资源、环境、人口四个难以为继的制约，必须不失时机地把自主创新从科技发展战略、产业发展战略进一步提升为城市发展的主导战略，大大增强城市持续创新能力和核心竞争力，塑造自主创新的城市之魂，这是深圳从国家战略和城市兴衰高度出发做出的必然选择。"

2008年国际金融危机后，深圳加快了创新驱动的步伐。2008年6月，国家发改委批准深圳为创建国家创新型城市试点，深圳发布《关于加快建设国家创新型城市的若干意见》《深圳国家创新型城市总体规划（2008—2015）》。2010年，中共深圳第五次党代会提出"成为首个国家创新型城市"的目标。2012年，《关于努力建设国家自主创新示范区实现创新驱动发展的决定》发布。2014年，深圳成为首个以城市为基本单元的国家自主创新示范区。2015年，《深圳国家自主创新示范区发展规划纲要》发布，提出打造创新型产业集群。2018年，深圳颁布了《深圳经济特区国家自主创新示范区条例》。

经过多年的努力，深圳率先在全国构建了综合创新生态体系：（1）建立起产学研合作创新平台、新型科研机构，如深圳国际技术研究院、深圳光启研究院，以及科技创新重大基础设施，如国家超级计算深圳中心、大亚湾中微子实验室、国家基因库、诺贝尔科学家实验室。（2）推动国家甚至国际创新成果向深圳汇集。几乎所有国内著名大学和研究机构都在深圳设有研究开发机构，许多全球知名高科技企业在深圳设立了研发中心。（3）重点引进高层次人才。2010年，深圳启动实施"人才安居工程"，在内地率先将住房保障覆盖面由低收入群体扩展到各类人才以及非户籍常住人口。2011年4月，深圳出台《关于实施引进海外高层次人才"孔雀计划"的意见》，致力于引进海外高技术人才。纳入该项目的个人或单位，政府可提供奖励补贴、居留落户等待遇，团队可获得的专项资助达高8000万元。2020年《深圳市境外高端人才和紧缺人才2019年纳税年度个人所得税财政补贴申报指南》颁布，符合条件的申请人，可获个税补贴。（4）深圳本级财政科技专项资金增长，其中30%以上投向基础研究和应用基础研究。

7．城市精神

上海与深圳作为典型的移民城市，形成了敢为天下先的移民精神和海纳百川、开放包容的城市特质。

需要指出的是，城市精神的孕育和发展，既源于城市历史发展的丰富积淀，也离不开政府政治力量的引导和塑造。

2002年12月，中共上海市委决定在全市开展"上海城市精神"大讨论，在广泛讨论基础上，将上海城市精神表述为"以海纳百川而服务全国，在艰苦奋斗中追求卓越"，简称为"海纳百川、服务全国、艰苦奋斗、追求卓越"，并在2003年予以公布。2007年5月，在中共上海市第九次党代会上，时任市委书记习近平对上海城市精神作出新的表述，提出要"与时俱进地培育城市精神，大力塑造海纳百川、追求卓越、开明睿智、大气谦和的新形象，使全市人民始终保持艰苦奋斗、昂扬向上的精神状态"，自此，上海城市精神被表述为"海纳百川、追求卓越、开明睿智、大气谦和"。

一直以来，深圳非常重视在不同的历史时期提炼并升华城市精神，强化深圳人的身份集体意识，力图在人文精神层面使其与这座城市相匹配，引领城市更全面地发展。20世纪80年代，开拓、创新、献身；90年代，开拓、创新、团结、奉献；2002年，开拓创新、诚信守法、务实高效、团结奉献；2010年，敢闯敢试、敢为天下先的改革精神；海纳百川、兼容并蓄的开放精神；追求卓越、崇尚成功、宽容失败的创新精神；时间就是金钱、效率就是生命，空谈误国、实干兴邦的创业精神；不畏艰险、勇于牺牲的拼搏精神；团结互助、扶贫济困的关爱精神；顾全大局、对国家和人民高度负责的奉献精神。

2010年8月，在纪念深圳建市30周年之际，深圳市委宣传部主

导评选出"深圳十大观念":

时间就是金钱,效率就是生命。
空谈误国,实干兴邦。
敢为天下先。
改革创新是深圳的根,深圳的魂。
鼓励创新,宽容失败。
让城市因热爱读书而受人尊重。
实现市民文化权利。
送人玫瑰,手有余香。
深圳,与世界没有距离。
来了,就是深圳人。